U0014957

巴黎 文化行旅

Paris, la ville lumière

潘襎、郭凝／合著

藝術家出版社

巴黎文化行旅

Paris, la ville lumière

潘襎、郭凝／合著

藝術家出版社

序一

不少書介紹了巴黎,然而據我所知卻很少有中文著作;即便是有,常常也只是翻譯西方人專為該國讀者所寫的書籍。

這本書透過巴黎介紹法蘭西文明;本書出自於兩位對法友好(鍾情於法國並且欣賞法蘭西文明)的中國人之手。他們期望使自己的國人發現法蘭西文明的不同面貌。這兩位作者分別是誕生於上海,現今從事海外撰稿的女記者郭凝,以及本籍台灣,現在專研西洋藝術的學者兼作家瀋。

本書試圖避免以尋常之見與專於說理的方式來介紹巴黎。書中以熱情洋溢的筆調介紹首都巴黎的各種風光與古蹟,並且還介紹了法蘭西藝術與風土民情。這本書將可讓我們了解到為什麼巴黎會成為法國首都,以及何以這座「啟蒙之光的都市」得以成為促使世界變革的藝術與崇高理念的都城。

本書也以兩位活躍在法國的偉大藝術家與藝術思想家為契機,試圖分析法國與中國文化的互補與融會;其中一位是一九九八年榮任法蘭西藝術學院院士的畫家朱德群,另一位則是一九九八年獲得法國小說費明娜大獎的藝術思想家、詩人兼小說家程抱一。

正值中國以及世界各地華裔族群與西方國家在經濟上發展密切關係之際,本人由衷期待這本關於巴黎的著作,能更加幫助中國友人了解法蘭西文化的精華與特質。(譯文)

布里諾

法國極限集郵協會秘書長

法文序（PREFACE）

De nombreux livres ont été écrits sur Paris ; à ma connaissance, il en existe encore très peu en chinois, et ceux qui existent, ne sont souvent que des traductions de livres écrits par et pour des occidentaux.

Ce livre présente la civilisation française au travers de Paris ; il est né du désir de deux francophiles chinois, Corinne Guo - journaliste née à Shanghai - et de Pan Fan - écrivain specialiste des arts occidentaux né à Taiwan - de faire découvrir à leurs compatriotes les differents aspects de la culture française.

Le livre évite une présentation trop classique et cartésienne de Paris ; les sites et monuments de la capitale y sont présentés de manière chaleureuse, de même que les arts et les mœurs français. Il permet de comprendre comment Paris est devenu la capitale de la France, mais aussi la "Ville lumière" capitale des arts et des grandes idées qui ont revolutionné le monde.

Le livre est aussi l'occasion pour deux grands artistes chinois vivant en France - Chu Teh-Chun - peintre membre de l'Académie des Beaux-Arts depuis 1997 - et François Cheng - poète et écrivain prix Femina 1998 - d'analyser les complémentarités des cultures françaises et chinoises.

A une époque où la Chine et les différentes communautés chinoises de par le monde développent leurs relations au niveau économique avec les pays occidentaux, j'espère que ce livre sur Paris les aidera à mieux comprendre l'essence et les particularités de la culture française.

序二

生活在法國期間，我們常常被法國人尊重其他民族文化，並且誠懇學習的精神而感到訝異，尤其是接觸到我們中國文化的敦厚、優美與深奧精髓時，他們更能以包容理解的感情來接納。於是，我們終於領會到法國文化之所以絲縷不絕、更續不斷地屹立在世界潮流中的原因，那就是尊重他國文明用以激勵本國文明的開創向上。法蘭西文明便是這樣經由不斷努力、創新，繼承了希臘、羅馬文化甚而融會了埃及、兩河文明的六、七千年悠久文明，發展出博大精深的燦爛文明。

兩千年來，巴黎從塞納河畔的小村落逐漸蛻變成凝聚著西歐人文精髓的國際性都會，吸引著各國遊客。在這段發展史程中，巴黎永遠以朝氣、活力迎接每個時代，僅以近百年的發展為例，十九世界中葉後開始了奧斯曼男爵的整建，接著則是蒙馬特區、艾菲爾鐵塔、夏佑宮、拉德芳斯區、塞納河前方、龐畢度藝術文化中心、羅浮宮、奧塞美術館以及密特朗國家圖書館大建設不斷出現。巴黎市容的發展永遠隨著時代脈動，以新思維開啟時代的新大門，假使我們以開闊視野來審視巴黎都市文明時，將會發現巴黎為人類的都市發展提供寶貴典範。我們深深覺得來到巴黎，發現巴黎優美、雄渾、婉約的精神內涵，體驗到創新精神的人是幸福的，自然想要汲取甘美泉源，必先心存謙遜──如同法蘭西人對待他國文明一般──以這池清澈泉水反照自己的容顏。

文化交流一詞耳熟能詳，然而交流的旨趣何在？當我們尊重對方文化之際才產生真正的交流，當我們認識自身文化的特質時才能使文

化交流取得實質意義。敞開心胸，泯滅既有成見，不斷反省與深掘才能發現他國文化的精華，進一步促進本民族精神的奮發向上。歷史長河積累文化的精華，也沈澱陳腐的糟粕，重要的是具有揀擇與創新能力，若奢言自我偉大而漠視他人的先進，便只能閉鎖在狹小心靈之內，迷走於自己編織的錯覺中。幸好，文化交流已經展開，廣闊的前景值得高度期待。

今天的社會瞬息萬變，陳腐的思維已經很難適應豐富多變的社會，只有創新才能引領我們勇敢跨步邁進。本書的寫作充滿對文化交流的高度期許。古人說「他山之石可以攻錯」，即使這塊玉石離我們異常遙遠，但將為我們的文明雕琢出溫潤秀美的玉石。

都市是凝聚一國文明的寶殿，處處蘊含著奇珍異寶等待我們去發掘，在寫作這本書的時候，我們常常因為面對如此豐富的巴黎文明而喜悅，也常常因為發現新事物與觀點而驚奇不已。本書是奉獻給試圖瞭解法蘭西精神文明的讀者，願與讀者共同探討。這本著作涵蓋近百個景點以及三百餘張圖片，我們對於每個景點的歷史進行說明，對每一圖片進行感性訴求與理性深掘，不只可以作為旅遊參考，也能作為深思的借鏡。基於生命開展的本意，開陳藝術與人文互動的秘辛是這本書的至高期許。東西文化頻繁交往以來，彼此之間的誤解雖然不能頓時消失於無形，然而誠懇與深思可以溝通人們的心靈。本書第十章介紹了法蘭西藝術學院朱德群院士與藝術思想家・詩人・小說家程抱一教授，他們以自身的實踐為中國人如何豐富世界文化做了證明。

潘襎
郭姮

凡例

一、本書中的名字、地名之拼音，基本依據《東華英漢大辭典》（台灣東華書局出版，1992）和《法漢辭典》（上海譯文出版社，1982）所附之英、法、德、俄、西語譯音表；至於古典拉丁語、古典希臘語，固然涉及長短音，然而依據一字母一發音的原則。此外，已經通行於國內之專有名詞，雖然不符合此表或此原則，仍依慣例。

二、引用弧號內之西洋人名說明：

依次是（名‧姓，生年-歿年）。然而年代不詳則以「？」表示，年頃則以ca.標示於年代前。A.D.表示西元前，B.C.表示西元後，兩者皆標示於年代之後。如該人為統治者、帝王，則標示統治期間、在位年間。希臘人名之拼音，除於第一次提到處標示德文原典拼音外，並於註釋標示原拼音。

三、關於交通記號說明

M（Métro）：巴黎地鐵站標誌

RER（Réseau Paris-Banlieue）：往返巴黎市內與郊區間的高速快鐵交通網

四、本書內容寫作與攝影分配如下：

本書由兩人合著完成

文後標示（P）者，其文章及相關攝影作品為潘襎所著。

文後標示（G）者，其文章及相關攝影作品為郭凝所著。

巴黎 都市文明饗啟

本書的出版首先感謝顧錚博士居中促成。法蘭西藝術學院朱德群院士、東方語文學院程抱一教授以無比熱忱接受訪談之外，朱院士更為本書落款，深感榮幸。本書寫作過程中，承蒙：巴爾札克紀念館館長伊維‧加諾（Yves Gagneux）、法國建築藝術學會會長單黛娜女士、利普啤酒屋董事長佩羅雄（M.-J.Perrochon）、瑪麗‧聖‧熱爾曼伯爵夫人（Comtesse M.-S. Germain）、瑪麗-安德烈‧布維雷（M.-A.Bouveret）夫人、陳素俠女士、毛菲明女士、波蔻伯咖啡廳、雙君子咖啡廳、花神咖啡廳、藍火車咖啡廳、圓頂咖啡廳、法華旅行社、中法合作上海聖米雪食品公司以及布里諾‧布維雷（B.Bouveret）先生、黃媛芋女士等各界友人的支持與協助。對於他們促進中法文化交流的熱忱，謹致崇高謝意。

目録

楔子──創造力在巴黎

　　西元前五十九年凱撒（G.J.Caesar）領軍征服高盧，四年後根源於雅典的歐洲文明遠達塞納河中的西堤島。然而，千餘年後從西堤島上發展起來的巴黎，卻成為超越歐洲各國的國際大都會，綻放開近代歐洲的都市文明、美術樣式、生活品味，即使二十世紀中葉，存在主義對於人性的反思，再次使得人性價值的思考又從此地蔓延開來。巴黎一直與西歐文明緊密結合為一，隨著歷史的演進為人類文明發展帶來無限的生命力。

　　歐洲文明的根源在雅典，西元後轉進到羅馬，近代的精神文明則由羅馬擴張開來。經歷了千年左右，蠻族在基督宗教的教化下開始甦醒起來，歷史學家布哈克（C.J.Burckhardt）稱十四世紀從義大利興起的古代文化復興的運動為「文藝復興」（Renaissance）。古代希臘哲學的「複次元」宇宙觀的新柏拉圖主義（Néo-Platonisme），使人們重新反省一元性神學的價值。埋藏在意識深底的理性開始騷動，對古代文明產生無限憧憬，試圖追跡廣大淵遠的文化傳承。佛羅倫斯巨匠波蒂切利（F.Botticelli）作品<維納斯的誕生>描繪著，微風中飄盪著髮絲的維納斯，婀娜地站在貝殼上，在風神的吹撫下飄向塞普路斯島，臉上露出羞澀靦腆的神情，卻又難掩想要一窺宇宙奧秘的怦動情愫。美神的誕生意味著感性與理性並容時代的來臨，人們開始掙脫神學解釋的桎梏，嚴肅地思考文化的真正價值。

　　文藝復興末期，弗朗索瓦一世（François I）將老邁的達文西（L.Da Vinci）迎接到法國，不啻意味著法蘭西民族對於文藝復興的尊崇與擁抱。弗朗索瓦一世的兒子亨利二世（Henri II）迎娶佛羅倫斯名門梅迪奇家族的烏爾比諾公爵之女凱薩琳為妻，亨利四世並娶梅迪奇家族多斯卡納大公爵之女瑪麗・梅迪奇為后。從這種政治聯姻可以窺見法國繼承義大利人文思想的強烈意圖。梅迪奇這一佛羅倫斯的豪門，出過兩位羅馬教皇，並且世襲當時商業重鎮的佛羅倫斯、多斯卡納公國的公爵。他們獎勵文藝，庇護藝術家，這種舉措促使文藝復興得以誕生。一六三五年宰相李希留（Duc.de

Richelieu）奏請設立法蘭西學院，作為普及自然科學、人文科學的研究機構。一六四八年接著又成立法蘭西繪畫雕刻學院，更象徵著政府強烈意識到藉由藝術創造的保護、獎勵，以提升民族的精神文明。確實，法國人辦到了這一點，如果沒有這種創造新文化的念頭，今天的巴黎將不過是枯燥無味、單調索然的首都罷了！

　　法蘭西民族以特有的感性、無比的文化熱忱，力追古人的優美典範，於是美神開始以華美、優雅，莊重、含蓄的樣式裝飾楓丹白露宮。正是這種對於古代文明傳承的熱愛以及使命感，巴黎這座位於塞納河畔的小城開始蛻變起來。理性思索與優美的感性品味開始在巴黎留下跳動的曲線、節制的色彩、優雅動人的造型，逗引出萬千遐想的影像。從這裡迸出近世文明的火花，漸漸地取代羅馬這座永恆都城，成為引導歐洲思潮與品味的都市。這些思潮與品味以視覺模式刻畫在巴黎的大街小巷，希臘樣式、羅馬樣式、巴洛克、洛可可、浪漫主義、寫實主義、印象主義、象徵主義、新藝術、裝飾藝術、立體派、野獸派、超現實主義、抽象主義等等難以數計的藝術樣式發生於巴黎，流佈到世界各國，豐富了人類的精神內涵，倫敦、紐約、東京以及黃埔江畔的上海等都市都籠罩在法國精神文明的燦爛光芒下。

　　作為一座歷史悠久的古城，或許埃及的孟菲斯、希臘的雅典、兩河流域的巴比倫、印度的德里，或者說東方世界的中國之西安、日本之奈良也都是接續著人類歷史文明的軌跡，積澱著無數人類精神、物質的所產，為文明發展史留下深刻的影像。然而，就影響的深度與廣度而言，文藝復興後的巴黎卻綿延不絕地發揮了創造力，一磚一瓦地將心靈深處的根源性創造力表現出來。西歐這座擁有兩千年歷史的古城巴黎，凝縮著人類的無窮創造力所締造出來的近世都市文明，它是全人類的都市。來到這裡，人們將會讚嘆天才的創造力量。

　　巴黎位於西歐交通的樞紐，西南越庇里牛斯山通往馬德里，西北跨海達倫敦、東北直通布魯塞爾、阿姆斯特丹並遠迢柏林，東南攀阿爾卑斯山輻射至羅馬古都。東西南北交通輻輳，各國人才薈萃，使得巴黎在先天上即擁有開放、包容的性格，其都市文明展現出豐富的多樣性與穩定的統一感。

　　這裡是文化的熔爐，不論來自哪一國度的人，只要能深體法蘭西文化精髓，發揮自己的獨創特質，終將受到巴黎所推崇與肯定。十八世紀的哲學家盧梭（J.J.Rousseau）、文學家斯達爾夫人（Mme.de Stael）是日內瓦人，十九世紀的詩人海涅（H.Heine）是德國杜塞爾多夫之人，文學家王爾德（O. Wilde）是英國人，音樂家蕭邦（F.F.Chopin）是波蘭人。就藝術而言，二十世紀的畢卡索（P.Picasso）、達利（S.Dali）是西班牙人，惠斯勒（J.A.McN.

Whistler）是美國人，藤田嗣治是日本人；二次大戰後，來到巴黎的法蘭西藝術學院的著名抒情抽象畫家朱德群（Chu Teh-chun）院士、抒情抽象畫大師趙無極（Zao Wou-Ki），或者在美術思想、詩歌、小說等領域都深受敬重的程抱一（François Cheng）教授，西元二千年獲得諾貝爾文學獎的高行健等都是中國人。這些以出群睿智與情思豐富法國文化的才智之士，為巴黎彩繪下豐富耀眼的一頁。於是，每一瞬間、每一時代，巴黎都以開放、包容、尊重的心情接納各國文化，為世界創造新文明，更新流行品味。

詩人說：「睜開你的眼睛凝視天地萬物，張開你的耳朵傾聽來自八方九垓的聲響。」造物者所創造的天地萬物就在你的身旁，「鳶飛魚躍」處處是生機。我們如同無上的造物者（Le Créateur）劈開渾沌，使曙光乍現，讓感性的情感與理性的思維遍照廣大天地。詩人本耶爾（Th.Banville）說：「雕刻家唷！用心搜索，等待恍惚的時刻，找尋無瑕的大理石，製作一隻美麗的甕。長期探索形狀，卻依然無法在上面描繪出神秘戀情以及眾神戰役！」藝術家沉浸在受維納斯祝福的情感中，悵然若失，試圖描繪出心中的愛神影像以及鏖戰中的眾神等古老神話。法國的詩人無比熱情地歌頌著心裡所騰然而動的絲縷情愫。不斷更替搖動的心象，使得藝術家陷入沉思，上下求索，搜尋內心深處的純粹情感。在陶醉的瞬間，達到忘我的恍惚狀態，創造的睿智之手將處於無限想像領域中的影像具現在有限的形體上。「綻放吧！其下方，少女們緩步而出！」詩人筆下傾洩出創造的奧秘。當我們讀到這首動人的詩歌時，如同進入詩人描寫的藝術家的精神世界，觸及創造力的掙扎躍動，洞見創造力的本質，耽飲到甘純的瓊漿玉液。然而，我們不要忘記，同樣在這塊歌詠感性喜悅的土地上，笛卡兒（Renè Descartes）發出那句近世啟蒙精神的聲音。

「我思故我在」的內涵開啟近世的精神文明。經由獨立的個體思索，我們終將參悟到遍在於宇宙萬物的深奧義理。宇宙萬物並非雜然無章地羅列紛陳，而是依著固有法則而存在，並且是可以使用數據、符號加以理解的對象。當我們猛然被法國的優美藝術作品所震撼時，也該正視法國文化所具有的對於理性的謳歌。巴斯卡（B.Pascal）、巴斯得（L.Pasteur）、居禮夫婦（P.Curie;M.Curie）等科學家的成就，笛卡兒的理性主義的光輝，孟德斯鳩（Ch. de S. Montesquieu）對於法律精神的精闢思考，盧梭對於古代社會的憧憬，狄德羅（D.Diderot）與達蘭貝特（J.Le Rond d'Alembert）等百科全書學派所主張的「窮自然」、「尊理性」、「重人性」之理念，莫里哀（Molière）、拉辛（J.Racine）的感人的古典歌劇，波瓦羅（N.Boileau）的古典主義理論，伏爾泰（Voltaire）的理性主義對社會的關注，雨果（V.Hugo）、繆塞（P.de

Musset）發自真情的浪漫情感、象徵派詩人・近代藝評奠基者波特萊爾（Ch. Bauldelaire）、寫實主義作家巴爾札克（H.Balzac），還有斯達爾夫人、喬治・桑（G.Sand）、西蒙・波娃（S.de Beauvoir）等女性作家的熱情之作，以及普魯斯特（M.Proust）、卡繆（A.Camus）、沙特（J.-P.Sartre）等二十世紀的偉大作家，蕭邦、白遼士（H.Berlioz）等豐富人類情感的音樂家；此外，西蒙・烏偉（S. Vouet）的耀眼迴旋的巴洛克畫風，向班尼（Ph. de Champaigne）的寫實纖細的肖像畫，拉圖爾（G. de La Tour）的夢幻的外光人物、勒伯安（Ch.Le Brun）的巴洛克式的古典主義畫風，輕妙的洛可可的華鐸（J.-A.Watteau）風格、莊嚴靜穆的大衛（J.-L.David）、安格爾（J.Au.D.Ingres）樣式，光線的魔術師雷諾瓦（P-Au. Rénoir）、莫內（C.Monet）、當代美術開創者塞尚（P. Cézanne）、高更（P.Gauguin）等後期印象派，甚至說二十世紀天才的畢卡索、超現實的達利，野獸派大師馬諦斯（H.Matisse）等畫家都將法國藝術的成果散布世界各地。巴黎有太多法蘭西文化的精髓。藝術家、文學家群英匯聚，哲學家、科學家不遑多讓。因此情感的花朵在此綻放，真理的火炬炯然高照。

　　法蘭西的創造力展現在擁有廣大深刻思維的土壤中，他們並不以傳統為包袱，相反地以自己的傳統為傲，以承續歐洲文明，光大希臘文明為榮。他們對自己的傳統細加思考，用心保護，進一步將自己的文明與孕育出歐洲精神文明的廣義的歐洲傳統揉合為一，試圖將傳統與當下所處的每一時間序列連接起來。在這塊土地上，人們不斷思考自己在西歐文明裡的責任、自己在世界文明裡的存在價值。感性與理性的調和、傳統的尊重、人性的闡揚，正是巴黎得以在千餘年的人類歷史長流中邁步向前的根本原因。

　　巴黎人的生活永遠饒富詩情，深具思維。十八世紀的文藝沙龍所激起的人文火花，讓整個歐洲浸淫在理性的探索、感性的禮讚以及古代文化的謳歌當中，人們為即將到來的理想社會勾勒出完美的形象。這個時代的巴黎生活方式是全歐洲的典範，遠自莫斯科宮廷，近自普魯士王廷無不以巴黎的生活樣式為典範。舉止優雅的紳士（honnête homme）、哲人（philosophe）、啟蒙之士（homme éclairé）、多愁善感之人（homme sensible）一起將巴黎都市文明提升起來，美國開國元勳富蘭克林（B.Franklin）、伏爾泰流連於波寇伯咖啡廳。燃燒著正義火花的斯達爾夫人開設感性而激情的沙龍。蒙馬特的夜生活，如果沒有羅特列克（H.M.R.de Toulouse-Lautrec）敏銳誇張的彩筆，無法聞名世界。聚集在蒙巴那斯的列寧（V.I.Lenin）、托洛斯基（L. Trosky）徘徊於咖啡雅座，凝思俄羅斯的未來。二十世紀中葉後激烈變動的六〇年代，存在主義哲人沙特等人在咖啡館辯論人生哲理，激發出深刻的人性反思，蔚為壯觀的社會改革運動。

走在巴黎街上，只要用心觀看就會發現法蘭西民族對於都市經營的用心之處。因為他們心有所感，才能創造出足以傳世的各種文明。巴黎處處留下各式各樣的時代風格。如果我們想要追憶早期羅馬的遺跡，可以憑弔中世紀克呂尼博物館的龐大羅馬浴池遺跡；如果想浸潤在中世紀神學所遍照的光輝中，可以瞻仰巴黎聖母院、中世紀克呂尼博物館；如果要探究義大利文藝復興與法蘭西精神文明的接續，可以參訪楓丹白露宮、凡爾賽宮或者羅浮宮；如果想要勾畫出豐富的巴洛克影像，可以巡禮聖路易教堂。洛可可的蘇比士廣場，新古典主義的圓頂教堂、凱旋門、歌劇院，新藝術時代的藍火車咖啡廳，裝飾藝術時代的夏佑宮，後現代主義的龐畢度，邁入二十一世紀的「大建設」（Grands Travaux）的大拱門、巴士底歌劇院、音樂城等等。羅馬人、高盧人、法蘭克王國、卡貝王朝、瓦羅亞王朝、波旁王朝、第一共和、拿破崙第一帝國……戴高樂第五共和等等，政治的歷史即使不斷翻新更替，留給人們的不過是繁華似錦的感傷追憶而已。

　　但是讓人津津樂道的卻是創造天才留給我們的不朽功績。觀看巴黎，不要拿著有限的人文視點，請發揮難以捉摸的想像力，放鬆自己，讓自己沉浸在澎湃洶湧的情思裡，這時候方可以「上友古人」，直探創造者的深奧世界。試想拿破崙帝國的雄風如果沒有呈現在我們眼前的雄偉的凱旋門，後世實難追想這位年輕皇帝的心中夢想。某位哲學家說：「藝術作品是精神的外化。」巴黎市內的每座建築，每一人文景觀都是時代精神下的產物。人類的精神展現出時代的特有風尚，時代的反思蘊含無盡創造的大權大能。巴黎這座古城作為法國的首都，一直都以創造新文化為榮。

　　面對巴黎都市文明，我們的情感渢渢翻轉，力圖泯滅大鈞造化的遷易，倒踏時光之輪，親炙創造者點化萬物的秘辛；可惜這樣豐富多彩、漫長深遠的巴黎都市文明，常常使我們深覺個人學養的闕如，無法通透無礙地闡述深奧秘旨。為此我們恆常抱著「散步者」的心情，撇開成見，敞開心扉，反覆凝思，與文化巨人所創造的偉大作品展開對話，以虔誠的心情寫下微不足道的見解。這些見解或許是片面的，或許是一時所感，有時感性、理性互見，然而我們致力於追求巴黎都市文明背後所存在的普遍性法則、真理與對此信念的執著則始終如一。（P）

巴黎市中心重要景點標示 ▶（19～22 頁）　（景點標號依內文出現前後順序為據）
本書將巴黎市區內重要景點分成四頁標示，供讀者方便查閱，唯標號 1 的楓丹白露宮及標號 3 的凡爾賽宮，因地理位置不在巴黎市區內，故不包含於本地圖之中，但內文中有其相關交通路線可供讀者參考。

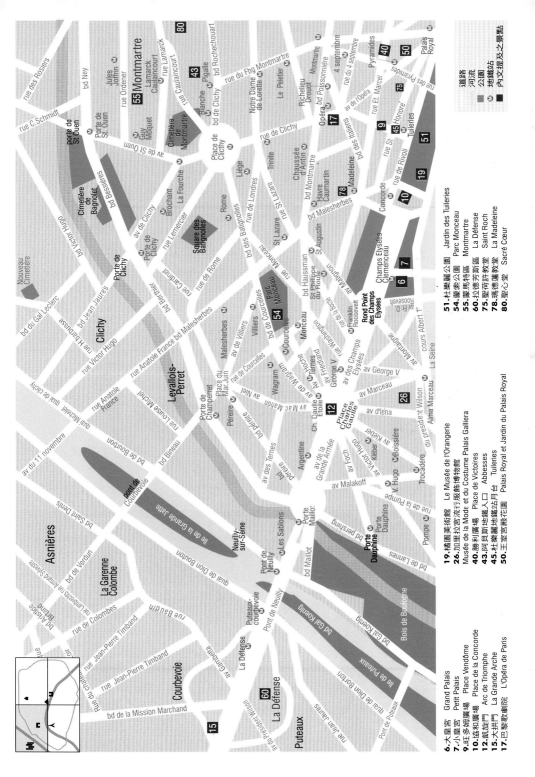

道路
河流
公園
地鐵站
內文提及之景點

19.橘園美術館　Le Musée de l'Orangerie
26.加里埃宮流行服飾博物館　Musée de la Mode et du Costume Palais Galliera
40.勝利廣場　Place de Victoires
43.阿貝斯地鐵入口　Abbesses
45.杜樂麗地鐵站月台　Tuileries
50.王室宮殿花園　Palais Royal et Jardin du Palais Royal

51.杜樂麗公園　Jardin des Tuileries
54.蒙索公園　Parc Monceau
55.蒙馬特區　Montmartre
60.拉德芳斯區　La Défense
75.聖荷許教堂　Saint Roch
78.瑪德連教堂　La Madeleine
80.聖心堂　Sacré Cœur

6.大皇宮　Grand Palais
7.小皇宮　Petit Palais
9.旺多姆廣場　Place Vendôme
10.協和廣場　Place de la Concorde
12.凱旋門　Arc de Triomphe
15.大拱門　La Grande Arche
17.巴黎歌劇院　L'Opéra de Paris

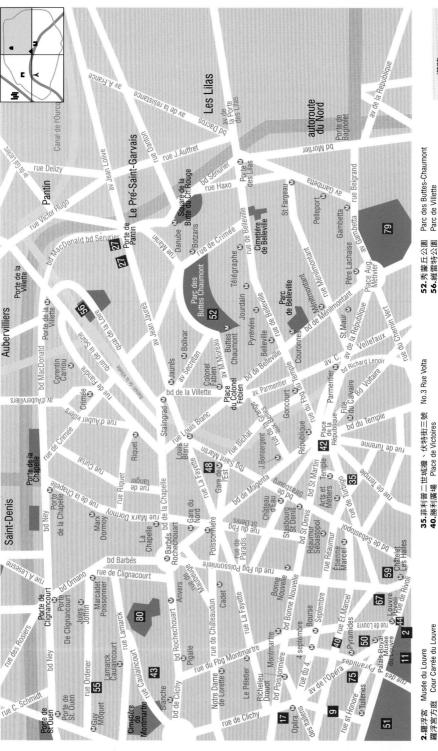

道路
河流
公園
Ⓜ 地鐵站
■ 內文提及之景點

2.羅浮宮　Musée du Louvre
羅浮宮方庭　Cour Carrée du Louvre
9.旺多姆廣場　Place Vendôme
11.小凱旋門　Arc de Triomphe du Carrousel
17.巴黎歌劇院　L'Opéra de Paris
27.巴黎音樂學院‧音樂城
Paris Conservatoire‧La Cité de la Musique

35.菲利普二世城牆、伏特街三號　No.3 Rue Volta
40.勝利廣場　Place de Victoires
42.共和國廣場　Place de la République
44.羅浮宮地鐵站月台　Louvre Rivoli
48.馬讓達地鐵站月台　Magenta
50.王宮宮殿花園　Palais Royal et Jardin du Palais Royal
51.杜樂麗公園　Jardin des Tuileries

52.秀蒙丘公園　Parc des Buttes-Chaumont
56.維雷特公園　Parc de Villette
59.勒阿磊商場　Forum des Halles
67.聖厄斯塔許教堂　St-Eustache
79.拉歇茲神父墓地　Cimetière du Père Lachaise

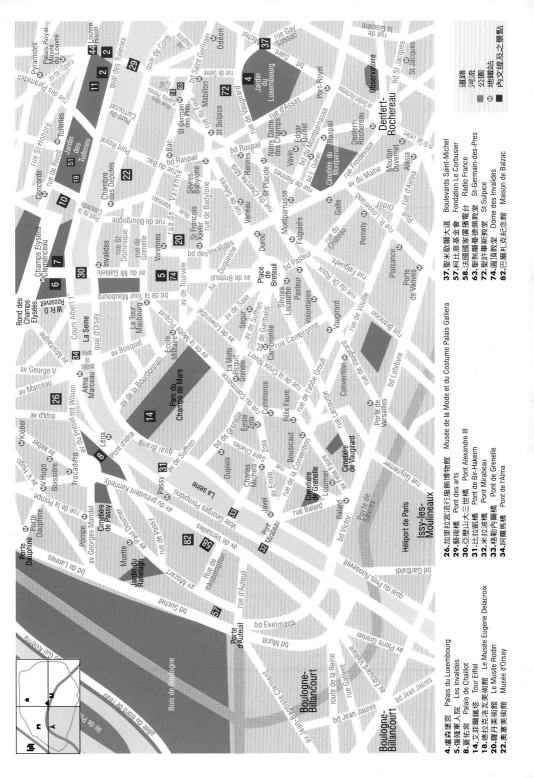

4.盧森堡宮 Palais du Luxembourg　Musée de la Mode et du Costume Palais Galliera
5.傷殘軍人院 Les Invalides
8.夏佑宮 Palais de Chaillot
14.艾菲爾鐵塔 Tour Eiffel
18.德拉克洛瓦美術館 Le Musée Eugene Delacroix
20.羅丹美術館 Le Musée Rodin
22.奧賽美術館 Musée d'Orsay

26.加里拉宮流行服裝博物館
29.藝術橋 Pont des arts
30.亞歷山大三世橋 Pont Alexandre III
31.比拉朗橋 Pont de Bir-Hakeim
32.米拉波橋 Pont Mirabeau
33.格勒內爾橋 Pont de Grenelle
34.阿爾馬橋 Pont de l'Alma

37.聖米歇爾大道 Boulevards Saint-Michel
57.柯比意基金會 Fondation Le Corbusier
58.法國國家廣播電台 Radio France
63.聖熱爾曼德佩教堂 St-Germain-des-Pres
72.聖許畢斯教堂 St Sulpice
74.圓頂教堂 Dome des Invalides
82.巴爾札克紀念館 Maison de Balzac

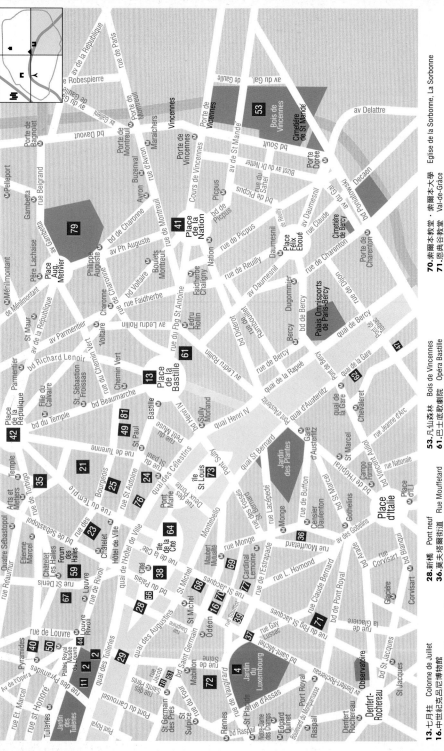

王室的豐富人文遺產

雄偉與婉約的宮殿群

楓丹白露宮、羅浮宮、羅浮宮方庭、凡爾賽宮、盧森堡宮、傷殘軍人院、大皇宮、小皇宮、夏佑宮

前言：皇家繪畫雕刻學院的成立

一五三一年班蒂涅里（Baccio Bandinelli, 1488/93-1560）在羅馬創立美術學院，成為西方最早成立的美術學院。此後，身兼畫家、建築家、作家的瓦薩利（Giorgio Vasari, 1511-74）在一五六三年成立「素描學院」（Academia del disegno），一五八二年卡拉奇兄弟（Lodovico Carracci, Agostino Carracci, Annibale）在波羅尼創立藝術學院（Academia dei Incamminati），一五九三年茲卡里（Federico Zuccheri, 1542-1609）在羅馬創立了「聖路卡學院」（Academia di San Luca）。法國則在一六四八年由宰相馬薩蘭（Jules Mazarin, 1602-1661）成立「皇家繪畫雕刻學院」（Academie royale de peinture et sculpture）。一七〇一年柏林成立「普魯士藝術家學院」（Preussiche Akademie der Kunstler）。一七六八年倫敦也成立皇家藝術學院（Royal Academy of Arts）。美術學院的設立使得藝術脫離了中世紀的工匠（artisan〈法〉）地位，成為從事自由學藝的藝術家（artist〈法〉），為人類的藝術活動開啟新紀元。

法蘭西民族對於義大利藝術的愛好，可追溯到一四九四年查理八世（Charles Ⅷ, 在位 1483-1498）領軍入侵義大利。他雖然一度佔領了拿波里，卻被義大利文藝復興的藝術成果所折服，據說在歸國時帶回二十二位各類工匠。此後的路易十二世（Louis ⅩⅡ, 在位 1498-1515）也在進攻米蘭、拿波里的戰役中掠奪工藝品、藝術品。弗朗索瓦一世對於藝術的獎勵相當著名，他從義大利請來了著名藝術家羅梭（Il Rosso Fiorentino, 1494-1540）、普里馬提喬（F. Primaticco, 1504-1507）從事楓丹白露宮的裝飾工作。皇家繪畫雕刻藝術學院創立之前，義大利的藝術學院組織已經頗具規模，所以宮廷裝飾工作的總監往往都由義大利人出任。因此，就其風格而言可說是義大利藝術表現的延續。

隨著王權擴張，裝飾王權象徵的宮廷之工作，不得不加以協調、統一，並且使其理論化、學術化。於是一六四八年設立皇家繪畫雕刻學院，保護畫家，使他們得以獨立於傳統的藝術工會組織之外，並附設美術學校（Ecole académique）。一六六一年這一學院被重新改組成絕對王權的一環，院士獲得王室薪俸。皇家繪畫雕刻學院下屬於建築總監，總監統合各宮殿、館邸、庭園以及造型美術、家具等廣義的美術行政工作。為了配合實際的製作工作，一六六二年成立了「皇家歌白林製作廠」，負責製作家具、日常器皿、室內裝飾並編織著名的「歌白林掛毯」，草圖繪製工作都由學院畫家來從事。一六八二年起王宮遷到凡爾賽，根據記載，一六八五年還有三萬六千名工匠投入裝飾、建設工作。為了凡爾賽宮裝飾之前，採擇繪畫、雕刻、掛毯上的銘文，一六九三年緊接著成立稱為「小學院」（Petite Académie）的法蘭西銘文‧文藝學院（Académie des inscriptions et belles-lettres）。

為了激勵藝術創作，並且充分學習義大利美術，一六六六年起在羅馬設立了「法蘭西學院」（Académie de France）。學院每年舉行繪畫、雕刻、版畫競賽，首獎得主以公費生身份，前往設於羅馬梅迪奇別墅的「法蘭西學院」留學四年。一七二三年增加建築，一八〇三年增加作曲等領域。歸國後所提作品如果獲得佳評就成為「準院士」，被頒與提出入院申請的作品主題。主題製作時間為一年，如獲得審查通過則成為正式院士。為了強化教育功能，一六六七年開始設立藝術講座，闡述學院的美學，並舉行各類展覽活動。展覽於羅浮宮的「方廳」（Salon Carré）舉行，由官方的學院主辦，參展者必須是院士與準院士，一七三七年以後正式稱為「沙龍展」，並且得以每年定期舉行。教育與展覽的整備使得學院成為推動美術的主要力量，對世界藝術的發展產生巨大影響。

法蘭西學院設立之初，歐洲正颳起了巴洛克藝術旋風。然而，巴洛克藝術理念與作為教育大眾的學院理念之間卻存在著距離；巴洛克訴諸感官，而學院則必須訴諸理性。皇家繪畫雕刻學院創院院士拉伊爾（Laurent de La Hyre）、塞巴斯提安‧布爾東（Sébastin Bourdon, 1616-1671）、鄂爾塔世‧勒許爾（Eustache Le Sueur, 1616/17-1655）、查理‧勒伯安（Charles Le Brun）等人的藝術表現並非華麗且富動感的巴洛克樣式，而是蘊含理性的嚴謹節制的靜謐風格。皇家繪畫雕刻學院的設置完成了學院美學，並建立起法國美術的特有風格。

學院美學的創立者是查理‧勒伯安。一六六八年四月十七日，皇室首席畫家勒伯安進行著名講演。他說：「根據己見，表情是所必須表現對象的樸實且自然的類似物。……正是表情表現出每個對象的真實特質，正是藉由表情我們可以感知其為人體，並且藉由表情似乎具有了運動，也就因此，所有的外觀似乎都是真實的。」（《情感的表現》（L'expression des passions））基於表現歷史、神話的學院美學的觀念，人體表現成為繪畫中的最主要對象，而表情則是人體中最重要之處。勒伯安基於笛卡兒的《情感論》，認為為了表現「憤怒」、「絕望」、「不安」、「陶醉」等各種不同情感，就必須使作品中人物的臉上擁有恰如其份的表情。為此，畫家必須藉由學理學習人體解剖、數學的人體比例、透視、幾何學的安定構圖以及正確的明暗色彩等等。

當時，亞里斯多德《詩學》中所主張的模仿觀念是各領域的理論依據。為了嫻熟製作優美作品的規則，必須摹寫古希臘、羅馬的雕刻以及近代巨匠拉斐爾的作品，從古人的優美典範中培養出正確準則。畫家所要模仿的並不是「真實的自然」，而是「應有的自然」，藉由前人典範之作的模仿，可以修正自然的漏失，將其美感提升到更高、更普遍的層次。這種古典的模仿理念使法國藝術獨立於佛朗德爾寫實的理性主義以及義大利感官主義之外，擁有獨自藝術風格。

當我們觀看楓丹白露宮、羅浮宮、凡爾賽宮等宮殿群時，不禁會被富麗堂皇的裝飾，繁複多彩的圖案，生動逼真的造型

所震撼。推動龐大建設的皇家繪畫雕刻學院歷經不少轉折，一七九三至一七九五年大革命期間一度被廢。一七九五年共和政府依憲法設立法蘭西研究院（Institut de France），學院改組成「法蘭西藝術學院」（Académie des Beaux-Arts）。現今學院擔負起更積極的文化諮詢等責任，具有嶄新開放的意涵。一九九八年的世紀末，來自遠東的朱德群以融匯東西藝術的抒情抽象畫豐富了法蘭西美術，成為創院以來的首位華人院士，再次證明了學院所展現的融匯與充實的新內涵。（P）

楓丹白露宮　Château de Fontainebleau

實用資訊

地址：Château de Fontainebleau 77300 Fontainebleau

交通路線：A6線 Fontainebleau 快鐵站

開放時間：週三至週一 9：30→12：30，14：00→17：00
　　　　　　週二休館

楓丹白露城堡坐落於巴黎東南六〇公里的森林中，曾是一個小村莊。一一三七年之前，路易六世在一池清泉附近修建了第一座城堡，用作狩獵休憩。從一五八二年弗朗索瓦一世開始，經亨利二世和四世、路易十四、十五和十六，又經拿破崙一世和三世對城堡的興修，精心匯聚天下油畫藝術珍品，成為莊重堂皇且不失自然野趣的歷史古蹟。（G）

● 楓丹白露宮和白馬庭院為弗朗索瓦一世時期的風格。整個城堡建築群經由幾百年的不斷擴建，保留了不同時期的特徵，長廊、廳室、庭院和花園分別呈現了中世紀、亨利二世和四世，以及從路易十三至十六時期的特徵。

● 馬蹄形階梯見證了拿破崙的一段史跡，這位叱吒風雲的皇帝被迫簽署「宣言書」退位，仍然信心十足。在這裡，他發表演說、擁抱將士、吻別鷹旗、壯烈辭行，然後跳上押送馬車前往厄爾巴島流亡。

人文小檔案：白馬庭院

1814年3月，普奧俄聯軍攻克巴黎。4月6日，拿破崙一世在楓丹白露城堡簽署「宣言書」。20日拿破崙被押送流亡即將啟程時，在白馬庭院向一千二百名皇家衛隊將士們辭行。那天中午，押送馬車已停在路邊，拿破崙穿過庭院來到將士們之間，充滿感情地與他們話別。最後，他高聲地說：「再見了，我的孩子們！再見了，我的勇士們！再一次圍到我身邊來吧！」一年以後，拿破崙發動「百日政變」，重返楓丹白露，在白馬庭院重整旗鼓，發兵42萬向歐洲的神聖同盟宣戰。歐洲各國第七次結盟出兵50萬迎戰。1815年6月18日，拿破崙戰敗於比利時滑鐵盧，被放逐到太平洋中的聖赫勒拿島，直至1821年5月5日死亡。（G）

羅浮宮　Musée du Louvre

　　羅浮宮坐落塞納河右岸，一一九〇年時僅為防禦性質的城堡，十四世紀查理五世改建為宮殿，十六世紀弗朗索瓦一世重建，以後四百年間不斷整修擴建，兼有哥德式和文藝復興時期風格。一七九三年羅浮宮設立了世界第一個博物館，一九八九年，由貝聿銘所設計的玻璃金字塔及地下擴建工程竣工，在這座歷史悠久的宮殿中創造出世界最大的現代化藝術博物館。（G）

● 方形庭院和拿破崙庭院構成羅浮宮的主體。方形庭院是中古世紀城堡的遺址，蘇利殿牆壁上的雕塑則是文藝復興時期風格在巴黎的最初展現，柱廊、鐘樓均以此聞名。拿破崙庭院的黎塞留殿、德儂殿與玻璃金字塔、噴泉互相融為一體，成為羅浮宮的主要景觀。

由美籍華裔建築師貝聿銘設計的玻璃金字塔位於拿破崙庭院，主塔和南、北、東的小塔成為新式建築與古代宮殿之間的連接紐帶，引導人們的視覺感受跨越了時間和空間，溝通了古代與現代的觀念，這一構想大膽巧妙，意境無限。

羅浮宮的主要入口處在玻璃金字塔內，進入主塔，隨自動旋轉電梯來到拿破崙廳。這個廣闊明亮的接待大廳為自然採光，透過網狀構成的不銹鋼管支撐玻璃圍幕牆，可仰望天空和宮殿雄姿。資訊中心和服務設施向參觀者提供了完整良好的服務。

羅浮宮方庭　Cour Carrée du Louvre

實用資訊

地址：Palais- Royal 75008 Paris
交通路線：Palais Royal、Louvre
　　　　　　Rivoli 地鐵站

　　這座中庭因為它的四方形而被命名為「方庭」。西南側文藝復興樣式的側翼建築建於弗朗索瓦一世時代，是羅浮宮最早的建築物。路易十三開啟了法蘭西的盛世，在他晚年試圖將方庭擴大四倍，然而到了路易十四時代才一償乃父的心願。拿破崙三世完成了西北側建築。法蘭西歷代君主將這座方庭不斷擴建整飾，既保有文藝復興樣式，也使它隨著時代進程愈發燦爛。（P）

　　沒有繁複的雕飾紛擾我們視覺的統一性，相較於前方拿破崙中庭的華麗耀眼，這裡顯出安靜而高雅的氣氛。均衡與對稱的構圖營造出視覺上的協調美感，別具素雅風味。三百餘年的風霜充實了她的內涵，法蘭西民族的巧思不斷地使她風華絕代。據說，藝術思想家安德烈·馬爾羅（A. Malraux）將戴高樂總統引領到中央，將法蘭西美術的精髓開陳在這位英雄眼前，神奇而奧秘的韻律緩緩地在石塊中蠕動。

凡爾賽宮　Château de Versailles

實用資訊

地址：Château de Versailles place d'armes
　　　　78000 Versailles
交通路線：RER: Versailles Rive Gauche、
　　　　　　Versailles Chantiers 快鐵站
開放時間：5月至9月　週二至週日
　　　　　　9：00→18：00
　　　　　　10月至4月　週二至週五
　　　　　　9：00→17：00

　　位於巴黎西南二十公里的凡爾賽宮，保留著路易十四時代的建築、繪畫、雕塑作品，以及巴洛克式的家具和裝飾。其燦爛藝術凝聚著法蘭西文明的精華。一六二四年，路易十三在這個當時還是個小村莊的地方建起一座狩獵行宮。此後，路易十四將行宮擴建裝飾得輝煌無比。一六八二年至一七八九年，路易十四、十五和十六居住在此，期間凡爾賽還一度取代巴黎成為法國首都。（G）

● 廳長75公尺，寬10公尺，高12公尺，面向花園的17面拱形大窗與東牆上的17面拱形大鏡遙遙相對，各式水晶大吊燈和燭台晶瑩燦爛。1918年6月28日，戰勝國美、英、法、日與戰敗的德國在此簽署「凡爾賽和約」，宣告第一次世界大戰結束。

● 「太陽王」路易十四騎馬雕像豎立在前庭。這位法國歷史上最顯赫的國王將自己的宮殿建造得舉世無雙，召請了當時所有著名建築師、藝術家和園藝家，整個工程延續了半個世紀，直至其72歲生日時才正式完工。

● 與花園相映成輝的宮殿主體稱為「大理石院」，有凡爾賽最精美的廳堂：國王廳宮、王后寢宮、鏡廳、歌劇院和皇家教堂。1789年10月6日，巴黎起義者衝進宮內，結束了凡爾賽宮107年的鼎盛時期。

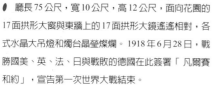

● 勒諾特爾（Le Nôtre）設計的凡爾賽花園堪稱法國式園林最著名的代表作，典雅精緻，造型和設施均充滿了浪漫情調。設計理念遵循幾何學，花園、林木、群雕、噴泉烘托出生動多彩的世界，顯現著法國十七世紀成熟的園林藝術成就。

● 路易十四和路易十五分別在凡爾賽花園的另一端修建了大、小特利亞農宮。此處小特利亞農宮原是路易十五的農藝植物園，在路易十六登基後贈送給了王后瑪麗‧安托瓦內特。寧靜秀麗的農莊村寨，水塘戲鴨，恰似中國古代桃花源中的意境。

31

● 阿波羅噴泉群雕為蒂比（J.B.Tuby）於1668年至1670年的傑作。太陽神阿波羅駕馭古羅馬戰車激越水面的瞬間，展現勇猛矯健、英姿勃發的氣勢，四水妖吹奏海螺，四海豚奮力開道。金光耀眼的群雕在沖天雲霧般噴泉映襯下，更顯神聖和雄渾。

盧森堡宮　Palais du Luxembourg

實用資訊

地址：15 rue de Vaugirard 75006 Paris
交通路線：Odéon 地鐵站
　　　　　　　RER：Luxembourg 快鐵站

　　盧森堡宮坐落於盧森堡公園區，建於十七世紀初期。為了消解攝政王太后瑪麗・德・梅迪奇（M.de Medicis,1573-1642）的鄉愁，模仿故鄉佛羅倫斯小皇宮（Petit Palace）建造而成。這一皇宮頗能表現出當時的絢爛躍動的巴洛克風格，然而我們卻也不難從中看出法國藝術所特有的含蓄與典雅莊重的品味；現在的法國參議院便位於此處。（P）

● 羅馬拱頂構成的文藝復興樣式正門，氣勢雄偉。法蘭西美術並未被巴洛克樣式旋風所迷惑，藉由對稱、均衡呈現和諧、穩重特質。夏日豔陽下，噴泉、繁花與白黃色宮殿建築交相輝映倍感舒暢。

● 半弧形鐘飾下為黃道十二宮，象徵宇宙時間，並配置四座女神寓意像，從左到右分別是智慧、雄辯、謹慎、公正女神。她們詮釋出西方的完美人格，亦即智慧者以滔滔辯才追求理想，經由謹慎思索踐行正義。

人文小檔案：瑪麗‧德‧梅迪奇

法國王室計有兩位迎娶自義大利名門梅迪奇家族的王后。一位是亨利二世王后凱薩琳‧德‧梅迪奇，一位就是亨利四世王后瑪麗‧德‧梅迪奇。兩位王后也都攝政，並且一如梅迪奇家族傳統，獎勵文學、藝術，對於法國與文藝復興傳統的接續，貢獻良多。瑪麗王后在1600年入嫁法王亨利四世，十年後國王被刺，開

始攝政。期間卻因聽信讒言，一度被黜。然而，她不甘大權旁落，以權謀回歸宮廷，以王太后之尊紊亂朝綱，最後在宰相李希留與國王聯手下，被迫亡命海外。盧森堡宮開始於她第一次被黜返回宮廷後開始建造，並請來當時的巴洛克巨匠魯本斯，在1922至1925年描繪了「瑪麗‧德‧梅迪奇生涯」系列。然而當1631年盧森堡宮完成時，瑪麗王后已亡命海外了。（P）

傷殘軍人院　Les Invalides

實用資訊

地址：Avenue de Tourville 75007 Paris
交通路線：Varenne、Latour - Maubourg 地
　　　　　鐵站
開放時間：每日10：00→17：45
　　　　　（冬季至16：45）
　　　　　國定公休假期休館

　　這座頗具規模的建築群是路易十四於一六七〇年下令建造的，為了使無家可歸的殘老軍人具有安養之所。整個工程連同廣場和花園至一七二〇年完成，包括傷殘軍人院、軍事博物館、聖路易教堂和圓頂教堂。拿破崙遺體在其死後十九年（1840年）歸葬祖國，路易‧菲利普決定將其棺槨安置在圓頂教堂之中。金光燦爛的圓頂教堂為巴黎輝煌之一景，象徵法國軍人卓越的功勳。（G）

傷殘軍人院由建築師布律昂（Luberal Bruant）設計，正面建築 1676 年竣工，長達 196 公尺，簡樸莊重，為巴黎名景之一。中間大門氣勢磅礡，在上方刻有浮雕，畫面為「謹慎」與「正義」兩女神所簇擁的國王路易十四，而庭院四面均為帶有兩層連拱廊的建築。

圓頂教堂是法國十七世紀建築的最佳傑作，由蒙沙（Jules Hardouin Mansart）設計，於 1679 至 1706 年間建造，緊鄰著俗稱「士兵教堂」的聖路易教堂；自拿破崙等將領安葬於此地後，這座教堂便成為法國軍人紀念殿堂。

這是世界上藏品最豐富的軍事史博物館之一，展品自石器時代至二次大戰。東側的蒂雷納館中收藏自 1619 至 1945 年的各式旌旗，西側東方館展出中國、日本、印度、土耳其等古代兵器盔甲，其他館中則陳列有文藝復興時期的武器。

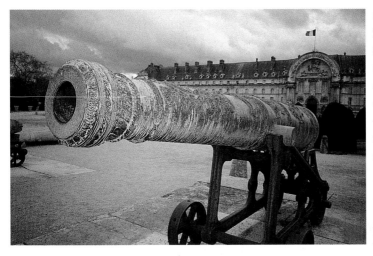

傷殘軍人院廣場寬闊暢達，延伸至塞納河畔。綠樹花園由德科特（de Cotte）設計，陳列著一系列十七至十八世紀的銅砲，其中有18門是「凱旋禮砲」，大門兩側有兩輛1944年繳獲的德軍坦克，一切旨在紀念歌頌法國軍人的功績。

大皇宮　Grand Palais

地址：Porte A, Avenue Eisenhower 75008 Paris

交通路線：Champs -Elysées -Clemenceau 地鐵站

開放時間：週一至週二、週四至週日
10：00 → 20：00
週三 10：00 → 22：00
1月1日，5月1日，12月25日休館

大皇宮的四個角落均聳立著巨型馬車雕塑，由雷西邦(Recipon)設計。雕塑中的四匹奔馬激昂奮勇，騰空欲飛，給人以振奮向上的啟示和力量，留下深刻印象。大皇宮主展廳頂端的拱圓屋頂高達43公尺，極具宏偉氣魄。

Daumier (1808 - 1879)
8 octobre 1999 - 3 janvier 2001

建造大皇宮是為了迎接一九〇〇年在巴黎舉辦的世界博覽會，這期間巴黎的藝術和建築蓬勃發展，大皇宮、小皇宮和亞歷山大三世橋共同組成此次博覽會的紀念建築群。一九〇〇年世界博覽會上，大皇宮舉行法國繪畫和雕塑兩項大展。從此，大皇宮不斷展出聞名世界的藝術作品，欣賞國際一流水準藝術展覽成為巴黎人生活不可或缺的部分。（G）

● 大皇宮的建築有著柱廊、雕塑和帶狀雕飾的特點，外觀融和了古典樣式與新藝術風格，大膽使用金屬結構和玻璃屋頂，在當時的一片反對聲中，這樣的堅持獨創是需要足夠勇氣的。另一方面，大皇宮建築四角所裝飾的巨型馬車雕像，在夜空裡、燈光照射之下燦爛耀眼，更是此建築的特色及重點。

小皇宮　Petit Palais

實用資訊

地址：Avenue Winston Churchill 75008 Paris
交通路線：Champs-Elysées-Clemenceau
　　　　　地鐵站

開放時間：週二至週日10：00→17：40
　　　　　每週一及國定公休假期休館

● 小皇宮兼有十九世紀末各種典型建築風格，帶有穹頂的紀念性門廊和雙側的柱廊閃耀著耀眼的輝煌。宮殿環繞著美麗的半圓形中廳花園，風格與大皇宮相似。愛奧尼亞式（Lonic）柱頭、巨大的門框和圓頂更增添了小皇宮獨特的藝術魅力。

這座宮殿與大皇宮同樣由查理·吉霍（Charles Girault）設計，是一九〇〇年巴黎博覽會的紀念性建築之一，主要為展出法國重要的藝術作品。這座精巧華麗的小皇宮現為巴黎市府美術館，收藏白古代希臘、羅馬、埃及到中世紀、文藝復興時代的藝術品、更囊括十八世紀家具和工藝品，以及巴黎市政府的繪畫典藏。（G）

　　小皇宮保存的巴黎市政府藝術珍品收藏中，有十九世紀在巴黎形成的繪畫和雕塑作品，如傑里科、德拉克洛瓦、庫爾貝、魯東等畫家的創作，此處為介於羅浮宮與奧塞美物館之間的中間典藏所在。此外，還有中世紀以來各個時期藝術藏品。

夏佑宮　Palais de Chaillot

實用資訊
地址：17 Place de Trocadéro 75016 Paris
交通路線：Trocadéro 地鐵站
開放時間：週三到週一 9：45→17：15
　　　　　每週二休館

　　夏佑宮坐落於巴黎鐵塔前的山丘。拿破崙皇帝曾一度計畫在這座丘陵地建造一座最大、最特別的宮殿，卻因帝國瓦解而不克實現。一九三七年為了巴黎博覽會建造了這座新古典主義風格的建築。設計師將夏佑宮分成兩個弧形建築，居高臨下，宛如擁抱著對岸的巴黎鐵塔。內部設有海事博物館、人類博物館、法國古蹟博物館、法國電影資料館以及朗格瓦洛電影博物館。（P）

　　裝飾藝術時期的這座建築物以直線為主調。廣場平台由間距相同的垂直線條平列構成，這些線條連貫起左右兩座宮殿，展現出厚重、典雅風格。意味拿破崙耶拿戰役的砲塔噴泉面向巴黎鐵塔，順著山坡拾級而下。

人文小檔案：裝飾藝術

流行於1910年到1930年代之間的藝術風格。起源地是法國，由此傳遍西歐各國。「裝飾藝術」（Art Déco）名稱出自1925年巴黎所舉行的「現代裝飾・產業美術博覽會」（L'exposition internationale des Arts décoratifs et industriels modernes）的簡稱，所以也稱為「1925年樣式」（style 1925）。藝術家們從維也納工坊、立體派以及「露西亞芭蕾」（Ballets Russes）獲得靈感泉源。維也納工坊是建築家霍夫曼在1903年創立於維也納的工坊，他們重視直線、長方形、平面。「露西亞芭蕾」則是1909年5月18日在巴黎演出造成轟動的俄羅斯巴黎舞蹈團。他們的佈景新穎，外加舞蹈者尼金斯基（V.Nijinsky）強烈個性舞蹈使觀賞者如痴如狂。他們在畢卡索、夏卡爾等畫家、音樂家的協助下，發表眾多曲目。因為這些影響，裝飾藝術的特色以理性的直線與立體構成、含蓄的幾何形圖案為主。（P）

● 斜陽下，青銅雕像露出誘人銅綠，藝術家試圖從僵直的動作與神情中規復希臘早期雕像的樸拙風格。文明的重荷使思想家們苦悶、畫家們憂鬱，回歸遠古的稚拙生活可超越無情現實，達到理想境界。藝術為我們作了時代見證。

● 斜坡左右放置著大型石雕，胴體壯碩結實，脫胎自米開朗基羅的雄偉風格。大戰前的苦澀氣息，山雨欲來的危機，也使這些女性身材矯健而耐人尋味，她們雙肩似乎可以挑起世紀大戰的無情摧殘，神情顯露出堅毅過人的神采。

英雄凱歌

紀念碑、凱旋門

旺多姆廣場、協和廣場、小凱旋門、凱旋
門、七月柱、艾菲爾鐵塔、大拱門

前言：戰爭與和平

自十六世紀文藝復興開始，法蘭西民族便對人的價值和生命的意義進行反省和思考。十七世紀，笛卡兒以「我思故我在」的理性方式闡述了人文精神的偉大。十八世紀一批啟蒙思想家引導人們進一步懂得人是生而自由與平等的。經過兩百多年的思想準備，法蘭西民族開始覺醒，一七八九年的大革命使法國和法國民眾發生了根本性的變化。七月十四日，巴黎民眾與軍人合力攻陷了巴士底監獄，推翻波旁王朝；八月四日廢黜封建制度，建立了共和國。此後將近百年之中，新生政權和封建勢力反反覆覆進行著較量，人們一次又一次地出入戰火。二十世紀，科技發展和物質進步促進了人文精神的豐富，法蘭西步入文明社會。不斷成熟的法蘭西民族在發展中珍視自己的歷史文化，注入新的內涵智慧，將這份豐厚的精神遺產流傳後代。

拿破崙對法蘭西民族的奉獻之中，不僅有著歷經沙場擊敗封建勢力的赫赫戰功，而且有著為戰後永久和平創下的卓越偉績。拿破崙曾說：「世上只有兩種威力：戰刀和精神。久而久之，戰刀總要敗在精神之下。」他毫不掩飾地表示：「我最欣賞強力失去成事的效用。」。在這位十九世紀歐洲最傑出的將軍心底，精神的能量超越了戰刀的強力。拿破崙從法國大革命中走過來，知曉人文精神的深遠意義。

一七九九年發動霧月政變推翻督政府，自任第一執政進駐杜樂麗宮，隨即著手進行法律建設。一八〇四年完成了「法國民法」即「拿破崙法典」，將法國大革命的精神納入理性的軌道。兩百多年來，法蘭西民族獨創的自由、平等、博愛精神獲得法律的具體保障。至今，法國和西方強國日趨完善的現代文明機制，與當年拿破崙創建的法律基礎有著密不可分的關係。如果沒有一整套嚴格而又周密的法律條款制約著社會以至於每個人，自由、平等、民主的口號就只好停留在理想之中，難以實施於社會實踐。拿破崙創立法典這項壯舉對實現人類平等、進入文明社會有著巨大的貢獻。

拿破崙對精神超越戰刀的理解體現在其執政期間的諸方面，他改革行政、民法和教育制度，興建道路、橋樑和大型建築。為慶祝一八〇五年法國軍隊獲得的一系列戰績，於一八〇六年開始創建凱旋門、小凱旋門和旺多姆紀念柱。啟蒙思想家伏爾泰（Voltaire）說過：「生前駕馭戰車取勝的英雄們在死後仍要駕馭想像的戰車。」作為與帝王平等的士兵，同樣具有這種欲望。一八〇五年拿破崙為法國軍隊的將士們立下諾言：「你們將經由這座凱旋門榮歸故里」，次年，凱旋門破土動工。一八四〇年，法軍將士簇擁著拿破崙骨灰靈車從凱旋門緩緩通過，在這位英雄逝世十九年後將其迎回祖國安葬在圓頂教堂之中，當天巴黎的市民傾城出動為拿破崙送葬，回敬了他曾為將士們的許諾。一九一九年法國元帥們在凱旋門舉行第一次世界大戰勝利大閱兵。一九四四年巴黎解

放，戴高樂將軍率領民眾在歡呼中自凱旋門出發遊行。凱旋門成為巴黎的象徵，歌頌法蘭西民族的勝利，永遠紀念為國捐軀的軍人英靈。

一七八九年法國大革命開創了自由平等精神，打破了臣民與帝王的從屬關係。人民的功績被記載史冊，豎碑紀念，流芳百世。拿破崙下令創建的凱旋門、小凱旋門和旺多姆紀念柱一一頌載了人民和軍隊的不朽功德。那些生動逼真的浮雕塑像再現了法國軍隊的瀟灑英武和威悍勇猛。凱旋門的一塊高大浮雕名為〈馬賽曲〉，這首由工兵上尉魯日‧德‧利爾（Rouget de Lisle）創作的進行曲，在一七九二年法國處在外敵入侵的危急之中傳遍全國。從馬賽開來的一個營的義勇軍士兵沿途高唱這首原名「萊茵河軍隊戰歌」，直抵巴黎投入保衛首都的鬥爭中。從此，這首歌曲被稱為「馬賽曲」，一七九五年定為國歌。旺多姆廣場立下的紀念柱亦頗為感人，以士兵們在奧斯特利茲大捷中繳獲的一千兩百門大砲熔鑄一座高四十三‧五公尺的紀念柱，借此頌揚法國軍隊的偉大榮耀。一八三六年規劃重建的協和廣場再也不是王權的領地，自法國大革命拆毀了廣場中央路易十五騎馬塑像，路易十六和王后在此被斬首之後，協和廣場已經屬於人民大眾。此後，巴士底廣場中央為紀念一八三〇年革命豎立了一座高五十一‧五公尺的「七月柱」，下方埋葬著七月革命的五〇四位犧牲者及一八四八年二月革命犧牲者的遺骸。如今，紀念為國捐軀的烈士成為法國的一個傳統，一次世界大戰、二次世界大戰中犧牲者的姓名一一雕刻在紀念碑上，這樣的紀念碑遍布法國大大小小每個市鎮，寄託哀思，被永久悼念。

一八八九年，紀念法國大革命百年之際，艾菲爾鐵塔以三百公尺當時世界最高的建築出現在巴黎塞納河畔。這座象徵科技、工業、藝術、文化等發展進步的鋼鐵巨塔，衝破了保守舊觀念，在一片謾罵聲中靜靜地等待著接受和承認。漸漸地，它被人們適應了，喜歡了，成為歌頌的對象，成為巴黎進入二十世紀的象徵。詩人阿波里奈（Apollinaire）稱它為「雲霞的牧羊女」。金屬結構專家艾菲爾對自己的傑作無比驕傲：「法蘭西將是獨一無二的國家，把她的國旗升上高空，旗桿可達三百公尺。」這位不受輿論左右的建造者，一九〇〇年面對眾多反對者則堅定地表示：「當參觀者來到鐵塔之頂時，一定會興致勃勃地站在堅實的平台上，安然地觀賞鐵塔周圍秀麗的風景……，彷彿置身於一種妙不可言的仙境，為大自然的磅礡氣勢和壯麗景象所陶醉。這一偉大創舉必定為全人類留下難以磨滅的印象。」艾菲爾正是以這種遠見卓識和獨創精神贏得世界讚揚。

一九八九年，在紀念法國大革命二百周年之際，大拱門出現在巴黎拉德芳斯新區。由丹麥建築師斯普瑞克森（Spreckelsen）設計的這座建築高一〇五公尺，形似一座大門。史普萊克爾森描述自己的作品：「這是一個開啟的立方體，一個通向世界的窗口，猶如寬廣大道上的延長號，面向著未來。這是希望的象徵，人人都可以自由交往。全世界的人們都將來到這個『人類凱旋門』下，互相認識，了

解彼此的語言、服飾、宗教信仰、藝術和文化。」大拱門展現了巴黎的氣魄，成為巴黎人跨入二十一世紀的象徵。

在這個精神超越戰刀的時代，人們不再以戰刀和個人的威力統治世界，憑著智慧可以戰勝一切。高新科技的迅速發展促使人類進入了一個嶄新的信息時代。人們需要以完全平等、相互尊重的心靈和姿態接觸不同文化，需要展寬眼界，拓啟智慧，開掘潛力。法蘭西的人文精神將以更加宏觀的視野為人類帶來更寬廣的思考角度。（G）

旺多姆廣場　Place Vendôme

實用資訊

地址：Place Vendôme 75001 Paris
交通路線：Tuileries 地鐵站

旺多姆廣場始建於一六八七年，與勝利廣場同為蒙沙（J.H. Mansart）的傑作，設計莊重且高雅，因旺多姆公爵曾居住此地，故而得名。廣場呈八角形，周圍環立著建築群，其中多為名貴珠寶店。這些建築帶有高大拱門、三角形檐飾和屋頂窗，是典型的巴黎風格。音樂家蕭邦一八四九年逝於十二號的居所內，英國王妃戴安娜一九九六年身亡當日亦在十五號的麗池酒店下榻過。（G）

● 廣場中央曾豎立路易十四騎馬雕像，法國大革命中被毀。1806 年，拿破崙在此為法國軍隊豎立一座高 43.5 公尺紀念柱。柱頂拿破崙像於 1814 年被毀，取而代之的是亨利四世像。1863 年拿破崙雕像又重回柱頂，卻在巴黎公社時期再度撤下，直到 3 年後才又被置回原處，聳立至今。

整座旺多姆紀念柱採用法國軍隊在奧斯特利茲大捷中繳獲的1200門大砲熔鑄而成。受羅馬的特拉亞努斯紀念柱（Trajanus）造型啟發，底座和柱身以精美的淺浮雕圖案裝飾，呈螺旋形直至柱頂，而紀念柱上因為經年累月所造成的墨綠色銅鏽，更為紀念柱增添了歷史滄桑感。

協和廣場　Place de la Concorde

地址：Place de la Concorde 75008 Paris
交通路線：Concorde 地鐵站

　　協和廣場位於巴黎市中心，一七五七年始由卡布耶爾（J. A Cabriel）設計，呈開放式八角形。大革命時期曾為刑場，路易十六和王后，以及革命領袖羅伯斯庇爾和當東均在此被斬首。一八三六年按照伊托爾夫（Hittorff）的規劃重建，在廣場中央聳立起一座埃及方尖碑、兩座噴泉和八尊象徵法國主要城市的雕塑。每年七月十四日法國國慶節，總統在此閱兵。（G）

玫瑰色花崗岩的埃及方尖碑已有3200年歷史，重230噸，刻滿象形文字，是1831年穆罕默德‧阿里（Méhémet-Ali）贈送給路易‧菲利普的禮物，這個尖碑遠渡重洋，於1835年開始豎立在協和廣場。這個象徵著世界歷史文化古跡的文物超越了國界，融為巴黎豐富都市文明的一景。

兩座噴泉均為三層重疊的盛水盤，始建於1836年。噴泉內部的雕塑設計者伊托爾夫從羅馬聖彼得羅廣場的半人半魚和海中女神裝飾中獲得靈感，創造了這個姿態鮮活的群塑。噴泉與周圍場景形成了祥和卻又虛幻的景象，每到夜晚，燈光照射，更散發出如仙境般的迷人色彩。

小凱旋門　Arc de Triomphe du Carrousel

實用資訊
地址：Place du Carrousel 75001 Paris
交通路線：Palais -Royal 地鐵站

　　小凱旋門亦稱為「騎兵凱旋門」，位於羅浮宮和杜樂麗花園之間。一六六二年，這一個空地被譽為「騎兵廣場」。為了慶祝一八〇五年拿破崙的一系列戰績，於一八〇六年在此建造了這座小凱旋門，成為杜樂麗宮西側的主要入口。大革命期間，杜樂麗宮被焚，僅存小凱旋門保留至今，仍存在著當年的雄偉。（G）

小凱旋門頂端的雕塑最初是拿破崙從威尼斯移來的〈聖馬可的馬群〉雕塑，滑鐵盧戰役後即歸還給義大利。1828年加建了頂端，替代原作的是鍍金的〈勝利與和平女神同四馬二輪戰車〉雕塑。

小凱旋門呈羅馬風格，設計靈感來自塞普蒂姆‧塞韋爾（Septime-Sévère）設計的凱旋門。八根玫瑰大理石圓柱上頂立著英姿瀟灑的軍人雕像，三座拱門上方的淺浮雕描繪了法國軍隊作戰的場面，頂端為勒模（Lemot）雕塑的勝利與和平女神像。

凱旋門　Arc de Triomphe

實用資訊

地址：Place de Charles de Gaulle
交通路線：Charles de Gaulle-Etoile 地鐵站
　　　　　RER：Charles de Gaulle-Etoile 快鐵站
開放時間：博物館 每日 10：00 → 22：30

為了讓士兵們通過凱旋門返回祖國，拿破崙下令建造，屬於新古典主義的復古建築樣式，然而紀念拿破崙光榮戰役的浮雕，卻是熱情洋溢的浪漫主義風格。今天，人們在此追念英雄的崛起，分享200年前所宣揚的革命理念。

　　拿破崙下令建造凱旋門於一八○六年，在一八一五年拿破崙帝國瓦解後曾一度停工，最後終於完成於一八三六年路易腓力時代。高度五十公尺，莊重雄偉，是現今世上最高大的凱旋門，裡面設有博物館，下方安置燃著火炬的無名將士墓。巴黎的重大節慶皆以這座凱旋門為起點，包括一次大戰的戰勝，二次大戰期間的巴黎解放等等。十二條大道匯集於此，也稱為星辰廣場，最著名的大道是佈滿餐廳、咖啡座以及商店的香榭麗舍大道。（P）

英雄凱歌　紀念碑、凱旋門

人文小檔案：拿破崙法典

拿破崙法典（Code Napoléon）是拿破崙下令制訂之法國民法。法國民法之制訂可以追溯到絕對君主專制時期，法國大革命時期，革命政府數度向議會提出民法草案皆不了了之。1800年8月擔任第一執政的拿破崙為了以法律奠定法國大革命之成果，下令成立民法起草委員會，在1804年3月21日完成了2281條的「法國人民法」，1807年改稱為「拿破崙法典」。第一篇為「人」，第二篇為「財產及所有權的各種變遷」，第三篇為「所有權取得的各種狀態」，明確地規定人身自由、法律之前人人平等、絕對的私人所有權、契約自由、良心自由等等市民社會的基本關係，之後曾做局部修改，沿用到現在。這部法典施行於拿破崙的佔領地，成為比利時、西班牙、義大利民法的典範，對美國、日本亦產生巨大影響。自由、平等、博愛的革命精神藉由拿破崙法典的影響，散佈世界各地。（P）

● 火樹銀花將香榭麗舍大道妝點得多彩而豔麗。每到了聖誕節前夕，熱力動人。香榭麗舍（Les Champs-Elysées）本意「樂園」，人們在此可以舒暢自在，放鬆自己，漫步遊逛，隨興找座咖啡廳休息。

● 西元2000年節慶活動的主軸在香榭麗舍大道，以凱旋門為起點，直通協和廣場，綿延數里，架起十餘座風格各異的時間巨輪。時光的旋轉使巴黎邁過苦澀的二十世紀前半期，一百多萬各國人潮齊聚巴黎共迎新世紀。

七月柱　Colonne de Juillet

實用資訊

地址：Place de la Bastille, 75004 Paris
交通路線：Bastille 地鐵站

● 舉著火炬的自由之神正從地球騰空躍起，代表犧牲者為立國精神而捐軀的熱血。然而，這裡已經嗅不出兩百餘年來數次改變法國歷史的戰火煙硝，勝利火把標示著現代化法國精神的誕生。

一七八九年七月十四日巴黎民眾與軍人合力攻陷象徵王權的巴士底監獄，並於八月四日廢除封建制度，開啟了法國的現代化道路。今天，巴士底監獄原址建立起了一座紀念一八三〇年「七月革命」死難犧牲者的「七月柱」，柱高五十一‧五公尺，上有自由之神足踏地球，騰然躍起，下方埋葬著五〇四位「七月革命」犧牲者以及一八四八年「二月革命」喪失性命的死難者遺骸 。（P）

● 高聳的紀念柱已不像羅馬時代的「特拉亞努斯皇帝紀念柱」，在柱身滿佈皇帝的無數功勳；如今，柱上所刻的人名錄是為自由精神而犧牲生命的無名英雄們，其柱頂上的自由女神以及對這些平民英雄的謳歌代表了法國的前衛思想與刷新歷史的強烈意圖。

艾菲爾鐵塔　Tour Eiffel

實用資訊

交通路線：Bir- Hakeim 地鐵站
　　　　　　RER：Champ de Mars 快鐵站
開放時間：九月到六月 9：30 → 23：00
　　　　　　七月到八月 9：00 → 24：00

建於一八八七年，完成於一八八九年，現今已經是巴黎最具代表性的地標之一，直到一九三一年紐約帝國大廈完成前為止，是世上最高建築，頂層能容納八百人。艾菲爾鐵塔將巴黎帶入了二十世紀，

● 來自埃及方形尖碑的靈感，成就於十九世紀鋼材技術的高峰。由無數鋼鐵所構成的四根腳架，依據力學，循著極富美感的曲線拔地而起，直衝雲霄。古代巴別塔的羅曼蒂克夢想，兩千多年後終於在巴黎實現了。

夏佑宮隔著塞納河與它遙遙相對，兩者同屬十九世紀末到二十世紀初期巴黎重大建築代表。（P）

● 夏佑宮經投卡德候廣場，通過橫跨塞納河的耶拿橋，連接艾菲爾鐵塔，直通蒙巴那斯大廈。這座艾菲爾鐵塔融合法國的工業技術與「美好時代」的優美品味，它象徵人類眺望遙遠空間的雄心壯舉，是代表無限昇華的崇高美學之傑作。

人文小檔案：塔

據說西洋最古老的高塔是巴別塔（Tower of Babel），舊約《創世紀》（11：1-9）中曾提到這座人類最古老的塔。這座稱之為「天地基礎之家」（Etemenanki〈阿卡德語〉）的七層塔，高 90 公尺，現在僅存塔基。根據聖經記載，諾亞洪水以後，人類相當繁榮昌盛，使用同樣語言，合力同心建造通天高塔。上帝為使他們上下異志，下凡破壞他們的言語，這座高塔因此無法完成。艾菲爾鐵塔是人類數千年後所完成的一大挑戰上帝的創舉，塔高 320 公尺，用了 250 萬顆釘子，重達 1 萬 1 百公噸，每四年用掉 40 公噸油漆。這座鐵塔的建造計畫當時受眾人反對，詩人魏倫（P.Verlaine）寧可繞道也不願瞧它一眼。然而，今天這裡已經成為巴黎的最高眺望點，觀光客得排隊數小時才能完成登高心願。（P）

大拱門　La Grande Arche

地址：Le toit de la Grande Arche, 92044 Paris

交通路線：La Défense 地鐵站
RER: La Défense 快鐵站

開放時間：每日 10：00 → 19：00

● 大拱門下的玻璃屏風化平淡為神奇，藉由色彩、陰影的重疊，使景深豐富而多彩。白靜肅穆的氣氛，頓覺清爽，如沐春風。無數抽象花朵燈飾，宛如勝利火炬，喧鬧崢嶸，等待在夜晚綻放曼妙的彩光。

● 兒時的積木理念，高科技的產物。大拱門用最簡單的線條表現出純潔無垢的單純度，予人厚重的感受。這座龐大紀念碑作為人類精神解脫的象徵，將兩百年來法國大革命的精髓奉獻給全人類。

● 歌頌拿破崙輝煌功勳的凱旋門，離滿了這位不世出英雄的戰績。然而，兩百年後的這座毫無英雄色彩的大拱門卻平易近人，可以遊憩、購物、觀賞，市民社會的生活點滴盡在其中，往昔的時代巨人已由多數民眾取代了。

為了紀念法國大革命兩百週年，一九八九年丹麥建築師封・史普萊克爾森（O. von Spreckelsen）完成大拱門。這座大拱門與香榭麗舍大道連成一線與凱旋門遙遙相望，正立方體內蕊寬度與香榭麗舍大道同寬，高度為一百一十公尺，與巴黎聖母院同高，總重量為三十萬噸。登上大拱門可以遠眺巴黎市容。設有全景電梯、觀景台、影視演藝展示廳、畫廊、書店、購物商店、餐廳、啤酒廳等。（P）

● 不銹鋼、玻璃、大理石構成二十世紀建築的科技奇觀。直線鋼材交錯，無數同心方形穿過抽象雲層，直通頂層。

49

維納斯的眷顧
美術與生活

羅浮宮、中世紀克呂尼博物館、巴黎歌劇院、
德拉克洛瓦美術館、橘園美術館、羅丹美術
館、畢卡索美術館、奧塞美術館、龐畢度藝術
文化中心、桑斯宅邸、蘇比士宅邸、加里拉宮
流行服飾博物館、巴黎音樂學院‧音樂城

前言：美術樣式史的寶庫

十九世紀中葉，詩人波特萊爾（Ch. Beaudelaire）主張：「我們之所以會因為看到當代被表現在作品中而感到快樂，並非只是出自當代是存在我們周遭之美感，同時也是因為當代就是當代的這種本質性之特性。」（《藝術評論》（Critique d'art））古代有古代的美感，當代有當代的美感。繪畫並非僅只表現古代神話，就其時代性而言，乃是表現周遭活生生的人們之生活。

一七九三年法國革命政府將羅浮宮對外開放，展示皇家的珍藏品。這一舉措奠定了近現代博物館的雛形，成為世界上第一座博物館。隨著羅浮宮博物館的開放，使美術更接近一般大眾，而非皇家或者貴族的專屬品，任何人都可來到此享受生活情趣。也就是因為有提香（Tiziano Vecelli）、拉斐爾（Raffaello Sanzio）作品被陳列在羅浮宮，提供人們的視覺享受。

中產階級的興起，使得創造當下歷史的人們如同古代英雄一般被畫家描繪在題材上。這種觀念在今天當然無庸置疑，然而在十九世紀可說是創舉。甚而，我們還可以聽到戈蒂埃（Th. Goutier）所說的「為藝術而藝術」前衛觀點。現在，人們來到美術館，已經不再需要當年波特萊爾批判傳統藝術的態度，而是自由地面對藝術家們的心血結晶，享受其視覺美感，思索其精神意涵，藉由鑑賞提昇文明理解，淬煉自己的美感。

在人類無窮盡的歷史長河中，諸多無名工藝家，或者曾經在歷史上閃耀一時的藝術家都以他們的智慧為我們留下無數眾多的可以看見、可以觸摸得到的藝術品，而且這些藝術品隨著時代步伐的前進，漸漸地被收藏到博物館加以陳列，豐富大眾的感官，開廣其精神內涵。來到這裡的我們，如何透過藝術作品，直探藝術家的精神世界，與藝術家共同對話呢？或者說進一層透過藝術品上的藝術家個人的精神感受，洞悉到當時的時代內涵呢？也就是說，來到美術館的人們面對無數的藝術作品，必然需要感受藝術作品，解讀藝術作品的內在要素，才能不虛此行。否則藝術作品就形同家居擺設罷了！

每件藝術品有他們自己的「面目」，我們透過這一獨自「面目」就可以瞭解到這件藝術作品的特質。「樣式」（style〈英、法〉，Stil〈德〉）就是藝術品的「面目」。「樣式」的語源出自拉丁文的 stilus（鐵筆），往後專指文學上的風格。十八世紀德國史學家溫克爾曼（J. J. Winckelmann）首次用這個詞彙來解釋藝術作品的表現方式。樣式分成藝術家的個人樣式，以及超出個人之外集體性的特有表現方式，亦即時代樣式、民族樣式、地區樣式以及流派。詩人歌德（J. W. von Goethe）進一步指出：「樣式存在於認知的最深沉的基礎上，並且存在於各種對象的本質上──只要樣式得以讓我們在視覺、觸覺的形式下認識其本質的情況下。」（《藝術隨筆》（Ecrits sur l'art））因

此作為藝術活動的最高形式之樣式被各種對象的本質賦予特徵。藝術家必須在他的作品上建立起獨自面目，而且這樣的面目還必須是個人所獨具的。此外，每一位藝術家不能自外於當下的生活，他們對時代的精神傾向都必然有所感受，亦即藝術家不是無病呻吟，他必須不時地打開自己的視野，將自己所感受的東西形之於造型，所以才會有時代的樣式產生。

藝術作品是一張敞開著的感性窗戶，人們可以從中看到超越現實之外的無限想像力，並引發無窮理念。因此，博物館的功能就如同一座人類文明的寶庫，提供人們可以汲取的精神泉源。但是，人們也可能來到，卻空入寶山，一無所獲。他們茫然地來到藝術作品、工藝品、古代遺品面前，心中產生無限的掙扎，試圖從其中獲得視覺上的快感，或者想從當中享受到歷史長流中的創造者奧秘，然而可能會懊惱地悻悻然離去；譬如來到抽象繪畫面前的人們往往生怕被嘲諷不解藝術，不是避之唯恐不及，就得面露若解其意的神情。確實，藝術作品有他們獨自的面目。必須要深刻瞭解產生他們的時代背景，才能進一步地洞悉到藝術家的意圖、時代的精神。

藝術家必須將他生活中的感受以視覺、觸覺的方式表現出來，所以藝術是時代精神的產物。譬如，詩人雨果（V. Hugo）的《歐那尼》（Hernani, 1830）上演之際所引發的「歐那尼之爭」開啟了文學上浪漫主義的先河，詩人波特萊爾對於德拉克洛瓦的歌頌，使人們覺察到深藏在內心身處的浪漫主義的「孤獨者」情懷。作家司湯達（Stendhal）更一語道破：「所謂

古典主義是把快樂帶給古代的藝術，浪漫主義是把快樂帶給現代人的藝術。」如果我們不知這些十九世紀中葉的人們對於藝術的理解，我們在美術館僅能夠享受到視覺的美感，無法上溯精神的理念層次。同樣地，如果我們不能瞭解二十世紀五、六〇年代，存在主義對於人性的思索與肯定，我們就無從瞭解雕塑家傑克梅第（A. Giacometti）〈站立的女人〉所表現出的當代人的精神樣相，或者進一步瞭解到生活在巴黎的抽象畫家朱德群、趙無極在巴黎之所以成名的精神背景。就東西思想的融會而言，程抱一以結構主義對於中國藝術思想的思維賦予中國文化新的生命而深獲法國人敬重。

巴黎擁有無數的美術館、博物館、畫廊。這些藝術收藏的殿堂使得藝術作品得以受到完善保護，並且每年吸引無數的觀光客。羅浮宮除了典藏著中亞世界、埃及、希臘、羅馬的古代文物之外，歐洲十四世紀到十九世紀之間的藝術作品則不勝枚舉。奧塞美術館有無數寫實主義、印象主義、象徵主義的作品。龐畢度中心則有三萬件現代美術作品，從野獸派、立體派、超現實主義，到表現出存在主義精神的抽象繪畫以及普普藝術等等讓人目不暇給的藝術樣式。此外，還有收藏浪漫派大師德拉克洛瓦的德拉克洛瓦美術館、雕塑家羅丹的恢復人性價值的震撼性雕像、藝術天才畢卡索的神奇且多變的作品、展示歷代戰爭文化的軍事博物館、收藏中世紀美術品最豐富的中世紀克呂尼博物館、收藏東方藝術品的紀枚美術館等等。

博物館處處林立，畫廊可能就是鄰

居。「附庸風雅」這句話在巴黎難以適用，巴黎市民尊重藝術家，樂意與藝術共處，將藝術視為生活的一部分。各式各樣的展覽，開闊了市民的審美情趣，讓他們以高於其他國家國民的眼界，體察周遭事物。幾百年來的薰陶，法國人養成敏銳的視覺感受。藝術豐富人類視覺、精神的內涵，打開物質生活以外的另一道窗口。（P）

羅浮宮　Musée du Louvre

實用資訊

地址：Palais-Royal 75008 Paris
交通路線：Palais - Royal、Louvre Rivoli 地鐵站
開放時間：週四至週日 9：00→18：00
　　　　　　週一至週三 9：00→21：45
　　　　　　國定公休假期休館

　　擁有四十萬件藏品的羅浮宮是世界最大藝術博物館，有著歐洲一四○○至一九○○年間最具價值的藝術珍品，古文物亦有出土於希臘、羅馬、埃及、東方等區域。作為歷代法國王宮，以其壯美的建築和華麗的裝飾著稱於世。羅浮宮的收藏始於弗朗索瓦一世，路易十三時期逐漸增多，至路易十四逝世時已達兩千三百件。一七九三年正式對外展出。（G）

● 達文西的〈蒙娜麗莎〉被視為文藝復興時期肖像畫的典範，完美地表達著畫家的人文思想。她的微笑含蓄神秘，蘊涵著豐富的內心靈魂世界，雙手柔美富有生命力，寧靜典雅的氣質瀰漫著整幅畫面，透視不一的背景隨著視覺感受而變換。

● 愛和美的女神〈維納斯〉雕像於 1820 年在希臘米洛島上被一位農民發現，推測是西元前二世紀的作品。她的五官、肌膚和軀體美麗溫婉，氣質高雅、坦蕩而尊貴，轉折有致並微微傾斜的身姿增加了嫵媚和動感美，是希臘傳統理想中最完美的女性。

● 瑪爾麗的駿馬雕塑由紀堯姆·庫斯圖（G. Coustou）創作於 1745 年，原矗立在杜樂麗花園，1794 年被安放在香榭麗舍大道東端，1984 年轉而陳列在羅浮宮。駿馬騰空跳躍和馴馬者的奮力征服交織成雄壯威武的圖景，作品中飽含巴洛克的激情和活力。

● 勝利女神大理石雕像於 1863 年在希臘薩莫特拉斯被發現，大約創作於西元前 190 年。女神昂然挺立船頭，迎向狂風海浪，衣裙緊貼肌膚，線條紋路清晰，勾勒出生動均稱的軀體。女神展翅凌飛的氣魄具有強烈的震撼力，充溢著無窮無盡的勇氣。

● 〈領導民眾的自由女神〉為浪漫主義畫家德拉克洛瓦的名作，描繪了 1830 年 7 月 28 日巴黎人民推翻復辟的波旁王朝的情景。畫家奔放的激情在畫面上洶湧，有著磅礴的氣勢。作品色彩絢麗，以象徵和現實形象結合的手法描繪了崇高神聖的法蘭西民族精神。

中世紀克呂尼博物館　Musée National du Moyen Age-Thermes de Cluny

實用資訊

地址：6 Place Paul-Painlevé 75006 Paris
交通路線：Cluny、St.Michel、Odéon 地鐵站
　　　　　　RER：St.-Michel 快鐵站
開放時間：週三到週一 9：15→17：45
　　　　　　週二休館

　　這座博物館本為勃艮第地區克呂尼修道院長當伯瓦茲（Jacques d'Amboise）在一五○○年興建的豪宅，一六○○年成為羅馬教廷駐節所在，一七八九年法國大革命時被充公而由國家拍賣。一八三三年索梅哈爾（A.du Sommerard）購得克呂尼宅邸，陳設其收藏品，去世後，其典藏品與建築物由國家收購，一八四四年開放成博物館。這裡是世上收藏中世紀藝術品最多、最精美的博物館之一。（P）

● 這座羅馬公共澡堂冷水池建於西元二世紀，百年後毀於蠻族，是高盧‧羅馬時代羅瓦河北的最大型澡堂。高聳厚實的拱頂印證了古羅馬的建築技術，斑駁石塊砌疊出蒼老的歲月痕跡。

● 思想家蒙田背著中世紀克呂尼博物館低頭沉思，恍惚已然超越時空的交錯，繁華街道頓覺安靜。這座博物館與桑斯宅邸都是巴黎碩果僅存的中世紀建築，初春午後，從園中飄盪出幽深雅靜的氣氛。

● 華麗文飾與殷紅色彩顯出華麗優雅,左右對稱獲致高度均衡,法蘭西藝術精神的泉源就在這裡。十六世紀初在巴黎繪製「六感官」系列的〈伴隨獨角獸的婦女〉透過寓意像表現人類深沉感官,相通於楓丹白露派的官能表現。

● 雕於十三世紀中葉的亞當雕像,承續了古希臘的理想美理念,身體勻稱,容貌清純。相較於文藝復興巨匠對於世間精神的刻畫,他的聖潔容貌夾雜著初獲智慧時的忐忑情愫,表現出複雜的心理活動。

● 發掘自巴黎聖母院的猶太國王頭像,臉像各異,沿襲了羅馬雕像的寫實風格。雖是想像之作卻因刀法樸拙而面露異國風味,時間巨輪削去他們臉上的鋒稜,真實面貌變成印象派光影,化作變化莫測的光線。

● 抱著慘死愛子的僵直軀體,慈母情何以堪。所有焦點都集中在血脈淤青而癱仰在地的耶穌身上,強抑心中劇痛的聖母勇敢承擔人類對愛子所犯的罪行與愚蠢,她神情哀悽而莊重。這座十五世紀末的彩繪祭壇,表現出聖愛的光輝。

巴黎歌劇院　L'Opéra de Paris

實用資訊

地址：Place de L'Opéra 75009 Paris
交通路線：Opéra 地鐵站
開放時間：每日 11：00 → 16：30

　　巴黎歌劇院是世界最大的歌劇院，加尼埃（Garnier）為拿破崙三世所設計，建造於一八六二至一八七五年之間。整座建築融合了從古典到巴洛克式的風格，精美的壁飾、雕刻比比皆是，造就出獨特的外觀。一九六四年，夏卡爾（Marc Chagall）為歌劇院繪製了大廳天棚畫，將作曲家德布西、莫扎特、莫索爾斯基、拉威爾和柴可夫斯基的曲目主題以繪畫的形式加以發揮，獲得巨大成功。（G）

● 歌劇院巨大而華麗的樓梯顯出豪華高貴的氣派，白色大理石間配紅綠大理石欄桿。晚間燈火輝煌，各種裝飾目不暇給，拾級而上，彷彿步入了音樂舞蹈的聖殿。紅絨毯、石膏像和金雕飾依序交織環繞，烘托著古典浪漫的氣氛。

● 這座令人無限嚮往的歌劇院面積約11萬平方公尺，可容納2000名觀眾，450餘位演員。建築表面布滿了許多雕塑群像和裝飾物，均為拿破崙三世時期的典型作品。右側第二根柱上是卡爾波（Carpeaux）的傑作〈舞蹈者〉雕像。

德拉克洛瓦美術館　Le Musée Eugène Delacroix

地址：6 Rue de Furstenberg 75006 Paris
交通路線：St-Germain- des-prés 地鐵站
開放時間：週三至週一 9：45→17：15
　　　　　　每週二及1月1日，5月1日，12月25
　　　　　　日休館

從一八五八年至一八六三年，法國畫家德拉克洛瓦住在這棟房子裡。他在這裡完成了〈聖葬〉等畫作，並為附近聖許畢斯教堂中的聖天使（St-Auges）禮拜堂畫了精緻壁畫。德拉克洛瓦美術館包括了一樓、花園和畫室，展出這位浪漫派畫家的草圖、版畫圖和油畫，還有習作及生平記事，其它收藏如喬治桑肖像亦在其中。（G）

德拉克洛瓦在這所宅邸度過了最後的時光。這個充滿幻想和激情的畫家有著廣博的知識和多方面的才能，熱愛音樂和文學。他從文學中吸取靈感，大膽使用色彩，表現人和自然的個性、表現人的情感和理想。

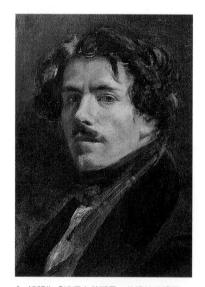

被稱為「浪漫主義獅子」的德拉克洛瓦一反古典主義對美的永恆規則和標準，畫作中人物形象有著強烈的感情色彩和浪漫主義氣質，畫面充滿了豐富的想像。代表作有〈領導民眾的自由女神〉、〈但丁和維吉爾〉等等。

人文小檔案：德拉克洛瓦

德拉克洛瓦（Eugène Delacroix , 1798-1863），法國畫家，浪漫主義繪畫代表人物之一。出生在巴黎近郊，在富裕的家庭環境中長大，他的父親曾任省長、外交大使和部長等職，母親是高級家具師的女兒，舅舅是大衛畫室的學生。7歲喪父，16歲喪母，17歲被舅舅送入格蘭畫室學習。在母親的影響下，德拉克洛瓦擅長音樂和文學，一生與音樂家蕭邦和文學家喬治桑有著密切的關係。他終身未婚，晚年在孤獨中繼續創作。

德拉克洛瓦比傑里科（J.L. André Théodore Géricault）小7歲，他24歲在傑里科的畫室第一次看到〈梅杜莎之筏〉後，情緒極其強烈，以至於激動得如同「瘋子般一直跑回家」，這個啟發直接影響了他的〈但丁和維吉爾〉的產生。1830年7月23日，巴黎人民奮起推翻復辟的波旁王朝那一天，作家大仲馬在街上遇到德拉克洛瓦，看到這位年輕的畫家精神昂奮。同年，德拉克洛瓦便由此為題完成了〈領導民眾的自由女神〉。（G）

橘園美術館　Le Musée de l'Orangerie

地址：Jardin des Tuileries，Place de la Concorde 75001 Paris
交通路線：Concorde 地鐵站
開放時間：週三至週一9：45→17：00
　　　　　　每週二及1月1日，5月1日，12月25日休館

● 橘園美術館展示紀庸、瓦爾德的藏品，包括印象派、野獸派、立體派、表現派、素樸繪畫等傑作。透過繪畫大師及其作品的光輝，反映出畫商的慧眼，其收藏觀念、藝術品味和扶植精神為世人稱頌。

　　毗鄰杜樂麗公園與協和廣場，有一座清雅的橘園美術館，曾是宮殿花園內一棟栽滿橘子和檸檬的溫室，飄散著清爽的芳香。二十世紀初改建成為小型美術展覽館，莫內的八幅〈睡蓮〉巨作在此作永久性的展出。還有紀庸、瓦爾德收藏的一四四幅從印象派末期到二次世界大戰期間巴黎畫派傑作，出自蘇丁、塞尚、雷諾瓦、畢卡索、盧梭、馬諦斯等大師之手。（G）

● 著名的「睡蓮」系列是莫內在其故居吉維尼（Giverny）的創作，描繪了花園內一池荷花與陽光的瑕想幻景。這位法國印象派畫家強調光線引起的色彩變化和瞬間感受，畫面的閃爍效果和瞬間感表現了時間的流動，是美術創造的一大突破。

人文小檔案：橘園美術館

莫內於1918年第一次世界大戰結束後，主動提議將其8幅巨作〈睡蓮〉贈予法國政府，並選擇了橘園美術館作為收藏之地。「睡蓮」系列於1925年常設在該館一樓的橢圓展廳，利用由玻璃屋頂及牆面照射的自然光源，呈現最佳展示狀態。

紀庸（Paul Guillaume）是位獨具慧眼且慷慨解囊的畫商兼收藏家，曾經資助一些早期還未被社會認同的青年畫家，如畢卡索、馬諦斯、德朗（Adée Derain）等人，將這些藝術家的作品推展到美國及歐洲其他地區，也引進如莫迪利亞尼、蘇丁等人的作品到巴黎來，他還是第一位把非洲藝術引進巴黎的人。至二十世紀二〇年代，紀庸的收藏已聞名世界。1934年，44歲的紀庸英年早逝，其夫人再嫁建築商瓦爾德（Jean Walter），繼續收藏藝術品。1963年，夫人將她兩任丈夫所收藏、共計144幅畫作捐贈給法國政府。為此，橘園美術館進行了改建工程，展示紀庸、瓦爾德的收藏品。（G）

羅丹美術館　Le Musée Rodin

實用資訊

地址：77 Rue de Varenne 75007 Paris
交通路線：Varenne 地鐵站
開放時間：週二至週日 10：00 → 17：45
　　　　　　（冬季至17：00）
　　　　　　每週一及國定公休假期休館

　　羅丹美術館為十八世紀的畢洪宅邸（Hotel Biron），曾是法國政府向羅丹提供的住宅。這位十九世紀最偉大的雕塑家於一九〇八至一九一七年逝世前一直在此居住與創作。他最著名的雕像均陳列在室內和花園之中。室內藏品依據年代展示，如〈吻〉、〈夏娃〉等，花園中則有〈沉思者〉、〈加萊市民〉、〈地獄之門〉、〈巴爾札克〉等著名作品。羅丹喜愛他的花園，輕風中瀰漫著玫瑰花的清幽芳香。（G）

羅丹美術館外觀

● 〈沉思者〉是從〈地獄之門〉獨立出來的作品，羅丹讓其作為「人類之子」端坐地獄之門頂上，俯視下界，深思人間的苦痛與掙扎。可以感覺到，燃燒在羅丹靈魂中的對人類之愛，在這個沉思者的內心澎湃激盪著。

人文小檔案：羅丹

法國雕塑家羅丹（Rodin, 1840-1917）出生在巴黎拉丁區一個地位低微的小職員家庭，靠著姐姐微薄的工資，進入了培養工藝美術技工的學校。他三次報考美術學院學習雕塑均不幸落榜。羅丹做過多種手工藝活兒，並曾在法國動物雕刻家巴耶的工作室做過。 羅丹的藝術生涯是從創作〈塌鼻男人〉開始的，作品〈青銅時代〉受到許多的非難，卻也使他出了名，也因此政府將製作法國裝飾藝術博物館青銅大門的工作交給了他，於是，羅丹決定以但丁的《神曲》為素材創作〈地獄之門〉，與義大利的吉貝爾蒂的〈天堂之門〉相對應。這項創作從 1880 年開始一直到 1917 年，整整耗費了雕塑家 37 年時間，他的藝術更於此刻達到創作的巔峰。（G）

● 〈吻〉取材於《神曲》弗蘭契斯卡與保羅的戀愛故事，這對情人因「非法戀愛」而墮入地獄。羅丹讚美他們的青春活力和相互擁有，營造了濃郁溫馨的意境，兩個充滿激情的裸體忘情地投入他們的戀情之中。作品格調高雅，流露人體和人性之美。

畢卡索美術館　Le Musée Picasso

實用資訊

地址：Hôtel Salé, 5 Rue de Thorigny 75003
　　　　Paris

交通路線：St-Sébastien、 St-Paul 地鐵站

開放時間：4 月至 9 月 週三至週一
　　　　　　9：30 → 18：30
　　　　　　10月至 3月 週三至週一
　　　　　　9：30 → 17：30
　　　　　　每週二及 1 月 1 日，12 月 25 日休館

現代繪畫大師畢卡索主張：畫作不僅
畫出表面真實，還要畫出對事物的認識。
他採用誇張和變形的手法，讓畫作表現現
象，也表達觀念。畢卡索重視藝術中的情
感，他的許多作品表現了人道主義思想和
對正義進步的追求。他認為，只有當最廣
泛的平凡溢著最強烈的情感，一件偉大
的、超越所有派別和種類的藝術作品才會
誕生。（G）

◗ 〈吻〉，油畫，1969 年創作。這是一對相愛的情侶，
男女雙方真摯而原始地表達著內心的激情。畢卡索與賈
桂琳·羅克（J. Roque）於 1961 年結婚後，他的畫作便
經常以戀情為描繪主題。畢卡索一生與多位女子交往，
並在其創作中留下影像。

◗ 這座名為沙
雷的宅邸亦稱
「鹽宮」，曾是
十七世紀一位鹽
稅官員的豪宅。
自 1985 年以
後，這裡便成了
全世界收藏畢卡
索作品最豐富的
地方，包括其畫
作及雕刻作品
等。展出的畫作
按其繪畫風格的
變化分為藍色時
期、粉紅時期、
立體派時期和新
典型時期。

● 〈保羅繪畫〉，油畫，1923年創作。保羅（Paul）是畢卡索之長子，與第一位夫人奧爾嘉（Olga）所生。描繪孩童的全神貫注、執著以及天真稚氣，之中還透露著畢卡索對其子的疼愛和關切。畢卡索與夫人和情人共育有四個兒女，其中二兒二女。

● 〈閱讀〉，油畫，1932年創作。紫色膚肌，黃色頭髮，畢卡索喜歡用這樣的顏色描繪他的模特兒瓦爾特（M.T Walter）。畫作中的女人艷麗、性感、溫柔、文靜。畢卡索描繪了他心中一個魅力無窮的女性。

人文小檔案：畢卡索

畢卡索（Picasso, 1881-1973），法國籍西班牙裔畫家，為現代繪畫先驅之一，更是立體派繪畫的創始人之一。由於反對西班牙佛朗哥政權，畢卡索自1934年後從未回過祖國，在巴黎度過其大半生。他作有大量繪畫、雕塑、陶瓷等作品。主要代表作有〈亞維儂的姑娘〉、〈格爾尼卡〉、〈少女和曼陀鈴〉、〈和平鴿〉等。畢卡索的美學思想極其豐富，受古典主義、非洲藝術、地中海安達盧西亞古老的神話、西班牙自哥雅以來的藝術傳統、及古伊比利亞藝術等影響，其作品形式上求奇異，畫法和風格迭變。畢卡索於1973年在巴黎逝世，留下1850餘件作品和巨額遺產，其家屬以這些作品向法國政府抵付遺產稅。（G）

奧塞美術館　Musée d'Orsay

實用資訊

地址：1 Rue de Bellechasse 75007 Paris
交通路線：RER：Musée d'Orsay 快鐵站
開放時間：六月到九月　週五～日、二、三
9：00→18：00；
週四9：00→21：45
十月到五月　週二、三、五、六10：00
→18：00；週四10：00→21：45
週日9：00→18：00
週一休館

為了迎接一九○○年的萬國博覽會，拉魯（V.Laloux）在塞納河畔建築這座宏

偉建築，當時是巴黎‧奧爾良鐵路公司所有的車站。一九七〇年巴黎市的整建計畫中，這座原本列為預定拆除的建築物，經過各方縝密規劃，一九七〇年成功地改建成美術館，及現在的奧塞美術館。這座美術館收藏著一八四八年到一九一四年之間的藝術、工藝品，包括一九七〇年以前繪畫、前後期印象派、自然主義、象徵主義以及新藝術等作品，此外還有相關時期的社會、政治與科技等資料。（P）

● 繁華中的落寞，躍動中的哀愁，微妙的情緒在畫中湧現著。繁華的時代卻也積鬱著苦悶。十九世紀末，羅特列克在〈舞蹈的珍‧阿芙麗爾〉臉上捕捉了心中隱隱滾動的無盡憂鬱。

● 以莊重雄偉的外觀開展在塞納河畔，奧塞美術館一百年來見證了法國「美好時代」的光輝，歷經兩次大戰的殘酷洗禮，七〇年代人性主義的覺醒中險些化成瓦礫。直到 1986 年她廢棄已久的容顏，因為成為典藏無數人類創造巧思的美術殿堂，而再次展現風華絕代。

● 平躺著的裸女，近於塊面的身體構造，強烈的明暗對比，曾經引起當時畫壇的一陣騷動。馬奈的〈奧林匹亞〉讓我喚醒百餘年前革新氣度，創新永遠引發社會的陣陣驚嘆。

● 變動的永恆世界，畫家的敏銳視覺與情動世界藉由調和的色彩映照出來。時間飄逝的微妙性藉由深刻的色彩體驗而筆筆流露於畫面之中。莫內在〈睡蓮池：綠色和諧〉中開啟了永恆與變動在精神性的神秘律動世界。

● 明快的筆觸打破平穩的視覺感受，極端個性卻近於漠視造型的表現手法，呈現了塞尚盛年時的生命力。〈現代的奧林匹亞〉恍如天才永恆世界的一道流光。大自然的對話讓這位隱居的畫家深化另一層生命世界。

龐畢度藝術文化中心　　Centre d'Art et Culture Georges Pompidou

實用資訊

地址：Place Georges Pompidou 75004 Paris

交通路線：Rambuteau、Châtelet、Les Halles、Hôtel de Ville 地鐵站

開放時間：週一、週三～週日
11：00→22：00
週二休館

現代美術館藏有三萬件作品，展覽場展出其中的八千件。一九○五至一九一八年的藝術，分成野獸派、立體派、未來派以及達達主義。一九一八到一九六○年代，在經歷一次大戰到二次大戰之後，世界藝術的中心依然是巴黎，這一時期是現代藝術解體的前奏。一九六○年代以後的藝術，因為美國的活絡經濟加上商品與藝術的結合，許多藝術面臨重新定義的局面。（P）

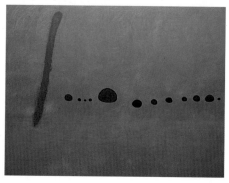

● 來！來！又是米羅（J. Miro）的抒情。似曾相似的感受，變化無窮的黑點漫遊在無垠空間，如同宋人牧谿〈柿子圖〉的隨興排列。簡化到極限的點畫將秒秒飄逝的時間凍結起來，奇妙的〈藍色Ⅱ〉！

● 野獸派大師馬諦斯（H.Matisse）的〈穿著羅馬尼亞式衣衫的女子〉，神情文靜。筆法輕快而活潑，數筆勾勒出雙手量感。簡練的筆法神妙地呈現出世間女子的永恆美感，羞澀的少女在狹小畫布中舒緩地挪動身軀。

● 極盡單純的顏色令人望而卻步，龐大的軀殼卻誘人想要一窺究竟。上下四方凹凸高低或許是流水也可能是乾竭瀑布，枯萎卻近似慘白寒冬。杜布菲（J. Dubouffet）的〈冬天的庭園〉，讓我們共同參與宇宙的時序變化。

● 削瘦枯槁的骨架，昂然挺立的軀體，傑克梅蒂（A.Giacometti）的指痕，斑斑點點招捏在身體的每個部分，塑造過程與思考痕跡反覆重疊。思索的疑惑與精神的內斂凝縮在矮小的〈站立裸女〉中。

● 法國藝術家萊斯（M. Raysse）的霓紅雕塑〈美國！美國！〉充滿活力。古典畫家安格爾的影響使他色彩鮮豔動人，各種顏色不斷變動與重組，手中的星光迸發出耀眼的生命力。

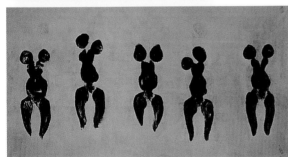

● 彩筆的物質性被活生生的肉體取代，人體觸及畫布的瞬間，翻轉出永恆的生命。畫家克萊恩（Y.Klein）練習柔道，在被拋卻在地的剎那，感受到生死接續的瞬間，而完成這幅新寫實主義的〈藍色人體測試〉。

桑斯宅邸　Hôtel de Sens

實用資訊

地址：1 rue du Figuier 75004 Paris
交通路線：Pont-Marie 地鐵站
開放時間：週二到週五 13：30 → 20：15；
　　　　　週六 10：00 → 20：15

　　桑斯宅邸坐落於塞納河右岸，與中世紀克呂尼博物館同屬巴黎中少有的中世紀建築。一六二二年為止，巴黎屬於桑斯教區，此一宅邸為當時羅馬教廷樞機主教館邸。建於十五世紀，十六世紀天主教聯盟的貝勒維樞機主教（Cardinal de Pellevé）將其改建為防禦性宅邸。一九五七年起，宅邸改成弗內圖書館（La Bibiliothéque Forney），以收集藝術書籍為主，並設有巴黎手工藝家資料中心。（P）

● 數座角樓俯瞰狹小中庭，釉黑屋頂、棗紅窗櫺、粗壯線條將整座宅邸妝點得凝重肅殺。昔日「單一信仰」的絕對君主時代已經終結，廢后瑪格麗特的荒淫暴虐僅見史冊，一切盡付東風，僅存書卷翻閱的聲響。

● 中世紀餘韻，童話故事的景致。圓頂角樓、哥德式窗飾、不對稱格局，外觀碩壯富美感。防禦角樓護衛樞機主教駐節宅邸免受攻擊，使人憶起十六世紀宗教戰爭的血腥慘烈與自由信仰的可貴。

蘇比士宅邸　Hôtel de Soubise

實用資訊

地址：60 rue des France Bourgeois 75003 Paris

交通路線：Rambuteau 地鐵站

開放時間：週三到週一 12：00→17：45　週二休館

這所洛可可風格宅邸是一七〇五至一七〇九年路易十四為侯昂王妃（Princesse de Rohan）所建造的豪華宅邸。一七四〇

● 洛可可時期畫家布雪（Boucher）等人使豪宅更顯輝煌。「蘇比士王妃之廳」是這所宅邸最動人之處，畫家那托瓦爾（Natoire）繪製的柔美官能的神話故事，配合著各式文樣、成對天使構成綺麗且趣味雋永的夢幻世界。

年豪宅重新翻修，才華洋溢的畫家范路
（C.Van Loo）、萊斯圖（J.Restout）、布雪
（F.Boucher）在此大展身手。這座宅邸現
在已經與侯昂宅邸（Hôtel de Rohan）同樣
成為國家資料檔案館的主要建築。（P）

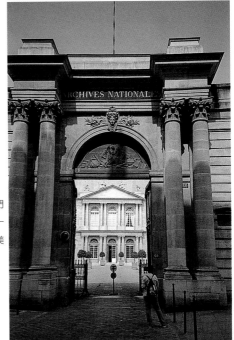

● 為了使拱門與宅邸山牆呼應，建築師巧妙地在拱門
下方加上嵌板，打破前庭與大門的空間距離，獲致統一
感。莊嚴威武的大門，反將蘇比士宅邸烘托得更為秀美
婀娜，強弱互襯，宛如俊男願為美女前驅。

● 對稱、細緻的線條演奏出優雅的奏鳴效果，散發
出飄逸與莊重。淡藍長空下的洛可可風味，差擬微
風暖陽，望之心情舒暢無比。燦爛豪華的路易十四
世的晚期宮廷，開啓了靜謐優雅的新風貌。

● 石膏淺雕神話人物的柔美軀體，以細膩的動感舒緩驅動，左右對稱的畫面區隔之下，抑制了強烈動感，高潔的白色與優雅的水藍使得室內浮動著溫馨氣氛。華麗中不失優雅，動感中富有節制。

人文小檔案：洛可可

洛可可（Rococo〈法、英〉Rokoko〈德〉）語源為 'rocaille'，風行於歐洲的十八世紀裝飾樣式，繼巴洛克藝術之後，先於新古典主義樣式，廣泛流行於當時建築、雕刻、繪畫、工藝等美術作品等領域。洛可可與巴洛克藝術共通點是規避直線，喜用彎曲、細膩裝飾，然而相較於巴洛克的力度，洛可可則標榜優美輕快、S形曲線、非對稱裝飾、異國風味，特別是中國品味。就其興起背景而言，隨著太陽王的華麗宮廷饗宴的衰微，沙龍文化在社交場合興起，由於貴族婦女的參與及主持，這種新文化深受這些藝文新貴的品味所影響。

巴洛克發祥地在義大利，洛可可則根源於法國。典型建築是1739至1775年之間擔任王室首席建築師加布里埃爾（A.-J.Gabriel, 1698-1782）建築的凡爾塞宮，1709年獲選法蘭西藝術院建築院士布弗蘭（G.-G.Boffrand, 1667-1754）設計的蘇比士宅邸。（P）

加里拉宮流行服飾博物館　Musée de la Mode et du Costume Palais Galliera

實用資訊

地址：10 Avenue Pierre-premier de Serbie
　　　75116 Paris
交通路線：Iéna 、 Alma-Marceau 地鐵站
開放時間：週二到週日 10：00 → 17：40
　　　　　週一休館

● 中間的新藝術（Art Nouveu）時期雕像與四周熱帶闊葉植物，頗具異國風味。裡面是座視覺煉金師的殿堂，各種皮革、鋼鐵、玻璃、塑膠等等材料被點化成我們身體的一部分，將我們的人格、社會整體呈現出來。

一八九二年加里拉公爵夫人（F. Galliera）委託吉南（L.Ginain）設計這座文藝復興風格的建築。這座典雅的建築物現在已經成為流行與服飾博物館，珍藏十萬件從十八世紀到現代的服飾。因為服飾材質容易毀損，所以每半年陳列特定主題與某位服裝設計師的精心之作。（P）

● 這座宮殿後院花園莊重而動人，分別安置著建築、雕刻、繪畫三女神。四方形構圖遠較宮殿正面的緊縮感更具開敞的視覺效果。設計師為我們提供了人間優美典範的女神。

巴黎音樂學院・音樂城　Paris Conservatoire・La Cité de la Musique

地址：30 Av. Corentin-Cariou 75019 Paris
交通路線：Porte de la Villette 地鐵站
開放時間：週二到週日 10：00 → 18：00
　　　　　　每週一及 5 月 1 日、12 月 25 日休館

● 白色的國立巴黎音樂舞蹈學院，線條簡單，輕鬆優雅，如同輕盈的芭蕾舞娘，身上透出翩然擺動的舞裙。一旁的詢問處以直線構成配合鏤空骨架，使得一旁的音樂學院更加出塵而動人。

● 幾何形白色大理石建築，配合紅、藍鋼鐵構造，組成抽象的音樂演奏者形象。白色奏出莊嚴影像，紅色表達躍動效果，藍色架空迴廊遲緩而靜穆，四周的漸層色塊，宛如躍動音符，建築正演奏飄然的輕音樂。

世界聞名的巴黎音樂學院所在，一九九○年完成，密特朗總統時代的重要建設成果之一。佔地十分廣大，位於經由家畜欄改建成的展示大廳兩旁。分別有巴黎音樂學院、演奏廳、圖書館、博物館、展示廳以及工作室。音樂城採取半開放空間，大廳不定時地展示藝術品，是巴黎重要的休閒地帶。（Ｐ）

● 音樂城大廳迂迴彎曲，富有動感，深覺曼妙。「聲音雕塑系列」讓人駐足傾聽，柔性水聲撞擊硬性鋼材，發出大自然與人為的神奇效果，恍如宇宙的冥思者深處當代，述說無盡的心中感悟。

塞納河畔的省思

河畔與橋

新橋、藝術橋、亞歷山大三世橋、比拉凱橋、米拉波橋、格勒內爾橋、阿爾馬橋

前言：近代歐洲藝術的母親

塞納河的波光，宛如柔麗髮絲，淺盪低迴，無盡曼妙；狀如光鮮亮麗的少女，恰似淡妝的容顏，迎風微笑，恍置天境，卻在人間。她為大地鏟開坦蕩萬頃的良田，留待才華之士播種精耘。她的周遭擁簇著幢幢雄偉建築，串連起座座變化多姿的橋樑。歲月煙逝，春夢未覺，梧桐已然秋聲；片片黃葉，盡似邀翔鷗鳥，填不滿歲月刻痕，反增其幽邃奧邈的慈愛。啊！塞納河—近代歐洲藝術的母親—反覆升降的潮汐，日日翻騰，悠然西流，卻帶不走人們對她的遐想、沉思。

世界文明古國的大河文明中，塞納河所開啟的文明屬後起之秀，卻影響深遠。愛琴海文明踵述尼羅河文明，承續中亞的兩河文明，合併腓尼基人的航海文明，發展成博大悠長的希臘文明。茁壯於台伯河（Tevere）畔的拉丁民族，以其剽悍務實的勇猛精神，征服希臘，統一南歐、西歐、中亞，卻難抗希臘文明，結果奧林匹斯山上的眾神影像降臨拉丁姆，奇屬幻想的文化豐富了羅馬文明。隨著時間的流逝，這些眾神又飛臨西堤島，在天主教天使、聖人、聖女、塞爾特族（Celts）眾神的歡呼下同開盛宴，分享燭光。時間的弔詭，神話的交錯，為法國文明的發展點滴，編織出撲朔迷離的影像，串連起其精神底層的圖騰。

塞納河發源於隆格爾高原（le plateau Langres），透迤盤旋，歷深谷，巡高丘，趨低陵，歷平原，迢迢數千里。塞納河並未躋身世界的大河文明之列，然而，舉世尚難尋覓如此具有豐富文化內涵的河川。十五世紀初期，林堡兄弟（frères Limbourg）的《貝利公爵最豪華的祈禱書》插圖，具現了塞納河畔的景象。安詳和諧的莊園組織，雀鳥、播種農民共生田野，村民協力收割，一片融融和樂的景致。他們的後方，白淨的石塊，堆積出雄偉壯觀的羅浮宮，聖禮拜堂的玫瑰窗與哥德式的精雕，閃爍耀人，遠望即能儡動人心。此時，正處英法百年戰爭之際，發展自西堤島、聖路易島的法蘭西民族，開始團結凝聚，漸漸展現出民族的獨特風格。

被哺育的法蘭西民族，絲毫沒忘記回饋曾經滋養他們文明的這位母親，數百年後，塞納河所灌溉的萬頃良田，在他們熱情且理性的經營下，容光煥發，蛻變成國際性大都城，從這裡產生無數的藝術流派，枝葉華滿，舉世景從。今天，每年都有數不盡的人來此，參訪輝煌的文化烙印，並且試圖一窺這位母親的容顏。

塞納河畔有無數回饋這位藝術母親的獻禮。它們或是華麗或是婉約或是雄渾，一一矗立在她的兩旁，白天前來巡禮參訪的訪客不斷，為了遠道而來的異國遊客，夜間燈火不熄，讓人得以瞻仰夜裡芳容。塞納河畔的建築群見證著兩千年來巴黎都市建築發展史，橋樑的造型反映出每個時代中人文與自然的互動奧秘。從上游而下的大建築群，分別有聖禮拜堂、聖母院、巴黎古監獄、羅浮宮、奧塞美術館、橘園美術館、大皇宮、小皇宮、圓頂教堂、巴

黎鐵塔、夏佑宮、法國國家廣播電台……等等；橋樑則有蘇利橋、多梅爾橋、聖母院橋、新橋、藝術橋、皇室橋、協和橋、亞歷山大三世橋、阿爾馬橋、耶那橋、比拉凱橋以及格勒內爾橋等等風格各異的橋樑。此外，園林景觀、林蔭大道或者岸邊舊書攤依序排開，增添塞納河的情趣。在此河畔，詩人雅士曾以妙筆寫下無數深值玩味之作。

多愁善感的詩人阿波里奈（G. Apollinaire）徘徊米拉波橋，留下千古絕唱。

> 米拉波橋下，塞納河蕩漾
> 我們的情愛
> 何以這般湧現心頭
> 歡欣恆隨哀傷而至
>
> 夜臨，鐘響
> 日日已往，我仍駐足
>
> 牽手佇立相視
> 此際
> 雙腕的橋下
> 倦怠的浪花流淌於永恆的視線外
>
> 夜臨，鐘響
> 日日已往，我仍駐足
>
> 情愛已逝，恰如此一流水
> 情愛已逝
> 宛如生命步履的遲緩
> 恰似「希望」的狂亂
>
> 夜臨，鐘響
> 日日已往，我仍駐足
>
> 日日飄逝，週週消逝
> 消逝的歲月
> 情愛皆已不再
> 米拉波橋下，塞納河蕩漾
>
> 夜臨，鐘響
> 日日已往，我仍駐足

黃昏時節，詩人駐足米拉波橋上，追憶歡愛的種種影像，不斷翻騰的塞納河水，一一勾起詩人的歡樂與哀愁，使他不捨離去。今天，詩人早已作古，然而這首〈米拉波橋〉（Le Pont Mirabeau）堪足讓遊客追憶詩人的昔日情感心聲。流水沒有自體，鐘聲依舊響起，黃昏仍然到來，米拉波橋上的我們當如何想像詩人的情思呢？鐘聲也罷，流水也罷，黃昏也罷，只有米拉波橋為詩人刻記下昔日的戀情標誌了。明鏡淺亮的塞納河流動了數千年，兩旁所誕生的西歐都市文明不斷地茁壯，並且散發出光彩。沒有塞納河就沒有今天影響深遠的法蘭西藝術。如同詩人阿波里奈的情詩刻畫出超影像的情感世界一般，無形的藝術思想賦予堆砌起塞納河畔的無數建築群，法蘭西的精神文明凝縮在這些可視性的建築物當中。

塞納河孕育了巴黎的都市文明，並且成為都市建設有機性的主軸。這種有機體使得巴黎的都市建設一直富有整體性，將河川的自然特質與人文思維融為一爐，使其渾然一體。從塞納河畔的羅浮宮開展的

建築群，透過方形金字塔、小凱旋門、杜樂麗花園、協和廣場的方形尖碑，循序依著香榭麗舍大道，穿越凱旋門，輻射到遠在拉德芳斯的大拱門。讓人不禁讚嘆的是，羅浮宮後方的「方庭」（Cour Carée）順著塞納河地勢向北微斜，而遠在數十里之遙的拉德芳斯大拱門座勢也因此向北微側，用以求取直線的平衡。和諧、均衡、統一的法蘭西藝術特質，表現在如此廣大的空間，如此漫長的建設過程當中。無疑地，從羅浮宮建設開始，法國人就已經以其理性，透過繁複的幾何形辯證，決定了塞納河到拉德芳斯之間的都市發展模式。

在時間、空間、人文精神的迴互辯證過程中，巴黎的市容永遠具備新的生命與活力。這種都市建設理念，乃是基於法國文明發展史的過程中絲縷不斷的平衡、莊重的美學觀，這樣的美學觀使得巴黎市容，不論在任何時代都能依著數理的理性，融入人為的巧思，不斷增飾發展，蔚為舉世難見的壯觀市容。

小自一座橋樑的構思，都不以斲傷其周遭建築景致之完整性為目的；橋樑的架成，不只使其交通順暢，都市繁榮，更使其市容增添新的創造活力。巴黎市民將塞納河視為哺育法蘭西文明的母親，不敢造次，毀壞她的容顏，而是使其不斷隨著時代，增加新的人文精神，讓其涓涓不盡，讓法蘭西文明得以賡續綿延。巴黎的市容可說是回饋並且頌揚這位近代歐洲藝術母親——塞納河——的無上獻禮。（P）

新橋　Pont neuf

實用資訊

地址：Cité 75001 Paris
交通路線：Pont neuf、Cité 地鐵站

名為新橋，卻是巴黎市區最古老的橋，雄居塞納河之上，貫穿西堤島，歷經四個世紀的滄桑。由於設計上的創新，增進了城市與河流的交融，一落成便頗受巴黎人喜愛，成為人們聚會和集體娛樂的場地，亦為文學家和藝術家們所熱情描繪。新橋中央的太子廣場和雅綠公園旖旎浪漫，是戀人們偏愛的地方，矗立著亨利四世騎馬雕像。（G）

♦ 亨利四世騎馬塑像位於新橋中央，通過石階連接雅綠公園。「雅綠」又可稱為「風流」(Vert-Galant)，是亨利四世的綽號，這位多情的君王對巴黎的建設有過卓越的貢獻。原塑像於 1614 年豎立後又在 1792 年大革命時代被砸毀，現在所見的塑像則立於 1818 年。

從 1556 年亨利二世時期提案，1578 年亨利三世奠基，直至 1607 年亨利四世舉行落成典禮並為其命名，歷經了半個世紀。此後四個世紀以來，無論多少次整修、多少次遇洪水沖擊，從未改變過橋樑主體。故法國諺語以此來形容身體健康「結實得像新橋一樣」。

新橋由五位建築家設計，全長 275 公尺，分為兩部分：南橋 4 孔、北橋 7 孔。首次打破以往在橋上兩側建造房舍的常規，開闊了視野，自此橋上繁華熱鬧。從遠處眺望，塞納河中的新橋、西堤島是巴黎著名一景。

藝術橋　Pont des arts

實用資訊

地址：Quai Malaquais , Quai du Louvre
　　　75006 Paris
交通路線：Louvre Rivoli 地鐵站

這是一座步行橋，一八○一年三月拿破崙決定在羅浮宮和法蘭西藝術學院之間的塞納河上建一座橋。於是，巴黎第一座鐵橋便於一八○四年在此出現，亦為世界第三座鐵橋，命名「藝術橋」。一九七九年，老化的藝術橋被行船部分撞損，一九八二年至一九八四年，巴黎市政府按照原樣重建了這座步行橋，將橋身改為鋼架結構。（G）

● 藝術橋長155公尺，寬11公尺，呈現著罕見的美觀，輪廓精細並顯出少女般的輕盈。橋身堅固，凝聚著建造者的心血。在1801年的草圖上，以鐵為橋結構，木為橋墩。建造時改用鑄鐵築橋身，石頭砌成橋墩。1982年再建時，整座橋身改為鋼架結構。橫跨塞納河，連接著左岸的法蘭西藝術學院和右岸的羅浮宮，似一條通向藝術殿堂的渠道。橋上的座椅、花壇增添了幾分悠閒和輕鬆，散步者、遊覽者、繪畫者，以及間或設立的露天雕塑展覽，無不體現著人、自然與藝術的交融與和諧。

亞歷山大三世橋　Pont Alexandre III

實用資訊

地址：Champs - Elysées Clemenceau 75008 Paris

交通路線：Champs - Elysées Clemenceau 地鐵站

　　巴黎最華麗的橋樑，與大小皇宮同為十九世紀工程的壯舉。一八九六年為萬國博覽會而建造的，於一九○○年完工。因法俄建立同盟關係，以沙皇亞歷山大三世為其命名。鋼架橋身、路燈、水神和飛馬

● 橋身設計成單拱形，增加了透視感，水神浮雕居中，構成大橋的裝飾主題。大橋長107公尺，寬40公尺，高出水面6公尺，將香樹麗舍大道和傷殘軍人院廣場銜接起來。踏上大橋，駐足扶欄眺望，讓人留戀不捨離去。漫步行走其中，極其賞心悅目。

雕塑展示著「新藝術」風格（Art Nouveau）。大橋、河水、傷殘軍人院廣場以及掩映在樹叢中的大、小皇宮構成整體景觀，情趣交融，意境無窮。（G）

● 為支撐單孔橋墩所承受的壓力，兩岸橋頭設有四座立柱，左岸兩座立柱的標誌代表文藝復興時期和路易十四時期的法國；右岸兩座立柱的標誌則象徵古代法蘭西和現代法蘭西。立柱頂端的金色飛馬雕塑使得整座大橋更顯得熠熠生輝。

● 兩排金屬路燈與護欄相間，皆由小天使托襯，雕花精琢典雅。路面寬闊，汽車與行人均可盡情放鬆享受。置身橋上，歷史、藝術、人文、景觀無處不在。橋樑本身的意義和作用不僅是交通的實際需求，更是視覺的一大享受。

比拉凱橋　Pont de Bir-Hakeim

實用資訊

地址：Allée des cygnes 75015 Paris
交通路線：Pont de Bir-Hakeim 地鐵站
　　　　　　RER: Pont de Bir-Hakeim 快鐵站

依照一九〇〇年萬國博覽會前後的規劃，這座地鐵高架橋建於一九〇三至一九〇五年之間，位於三十多年前的帕西第一

座橋址。長二百五十七公尺，上下兩層，依托於塞納河心天鵝島的北端。為紀念一九四二年柯寧將軍（Koening）在利比亞的比拉凱戰役大捷，此橋於一九四九年由原名的帕西橋改為比拉凱橋，並在橋中部的平台設置了「復興法國」的青銅塑像。（G）

● 橋上塑有四件浮雕：在上游，迎水面上的是塞納河水神和勞動女神；在下游，順水面的是電力女神和商業女神。當一列地鐵從高架橋上通過時，整座橋呈現多層次的壯麗景觀，與流淌不息的塞納河水合奏著跨越時空的輕快旋律。

● 橋中平台聳立一座青銅塑像：駿馬昂首衝天，四蹄奔騰，馬背上的武士右手持劍直指前方，左手揮旗威武馳越。這是比拉凱戰役紀念塑像。1942 年 6 月法國抗德運動部隊和英軍聯合在利比亞的比拉凱獲勝，隨後盟軍重新解放了利比亞。

米拉波橋　Pont Mirabeau

實用資訊

地址：Quai Louis Bleriot 75015 Paris
交通路線：Mirabeau 地鐵站

　　這座橋建於一八九○年至一八九六年，與亞歷山大三世橋同為十九世紀末最大膽的金屬結構橋，均由工程師雷札爾設計。橋上的四個大型海中女神塑像為昂端・賈貝爾的雕塑作品。由於詩人阿波里奈寫下的著名抒情詩〈米拉波橋〉，巴黎人稱此橋為「我們的愛情」。這首富有音樂性和強烈節奏感的詩作，委婉地敘述了詩人赤誠熱烈的情懷。（G）

人文小檔案：阿波里奈

阿波里奈（Guillaume Apollinaire，1880-1918），超現實主義的先驅者，承前啟後的詩人。在他身上既體現了象徵主義，也體現了法國詩歌中的純粹抒情傳統，同時亦有向嶄新領域大膽進取的冒險精神。他打破舊格律，創造新形式，1913年發表代表作《醇醪集》，這部詩集的全部詩作都沒有標點，由讀者在節奏中感受斷句。詩集之中的〈米拉波橋〉、〈失戀者之歌〉、〈地帶〉、〈秋水仙〉等是法國抒情詩的精彩作品。1918年發表詩集《圖畫詩》，其中有談話體詩歌，亦有圖畫詩，預言未來將要探索「意識的深處」，對超現實主義實踐充分肯定。

阿波里奈生於羅馬，是波蘭貴婦人和義大利軍官的私生子，外祖父是赫赫有名的元帥。他隨母親在尼斯、摩納哥長大，不平凡的身世使他從小蒙受恥辱，坎坷人生造就了他的藝術特性。阿波里奈曾任銀行小職員、記者、家庭教師等工作，並於第一次世界大戰期間志願入伍，1916年頭部負重傷。他崇拜女性，卻屢經失戀，最後終於結婚，卻不幸婚後10個月後去世，年僅38歲。他所開拓的藝術道路激勵了法國超現實主義一代的青年，進而展開文學新世紀。（G）

● 米拉波橋長157公尺，扁圓拱有93公尺。金屬橋欄上雕有象徵巴黎的帆船精緻圖案，與橋下悠悠的河水、遠處高聳的鐵塔融合一起，給人超越現實的無限暇想。溫馨浪漫的塞納河在米拉波橋下聆聽著一個又一個動人的故事。

● 整座大橋觸動了詩人阿波里奈的情思，他在〈米拉波橋〉詩中對失去的愛情發出感人肺腑的惋嘆。詩人將靜靜流淌的河水與時光、聲色、景物、心緒以及對戀人甜蜜的回憶揉合在一起，昇華了詩的境界，留下一首千古絕唱。

格勒内爾橋　Pont de Grenelle

地址：Quai de Grenelle 75015 Paris
交通路線：RER: President Kennedy, Radio-France快鐵站

　　這座橋最開始建於一八二五至一八二七年間，是一座木製橋，後來被巴黎市政府徵收。由工程師沃德萊和佩松兩人設計，於一八七四年建造了一座鑄鐵橋。整座橋以天鵝島為依托，像是架在島上的兩座橋，一九六八年依照原樣重建。格勒內爾橋本身雖無特別魅力，但因其所處的位置景觀相連橋畔天鵝島南端的自由女神塑像，構成巴黎特殊的一景。（G）

● 1885年，法國雕塑家奧古斯特‧巴爾托迪（F. A. Bartholdi)創造了自由女神像，並贈送給了美國，成為聞名世界的紐約自由女神像。相同樣式但縮小尺寸的這尊自由女神像則豎立在巴黎天鵝島南端，面朝紐約方向，遙祝人類和平幸福。

● 巴黎市區塞納河畔別開生面的景致，與其它區域的格調不同。高聳的建築群、開闊的河面、格勒內爾橋、自由女神塑像以及遠處的鐵塔，共同展現著一幅和諧城市的現代化面貌。景致中的各個部分相互映襯，自然而協調，顯出整體的壯麗氣魄。

阿爾馬橋　Pont de l'Alma

實用資訊
地址：Quai Branly 75016 Paris
交通路線：Alma - Marceau 地鐵站
　　　　　　RER：Pont de l'Alma 快鐵站

這座金屬橋在一九七〇年至一九七二年拆除阿爾馬老橋時重建。老橋曾建於一八五六年，是慶祝英法聯軍在克什米亞的阿爾馬河上大勝俄軍的紀念。老橋被拆是因其寬度不夠讓汽車通行，而新建之橋又無明顯特色，留下遺憾和思考。幸好在中央橋墩上保留了老橋的一個原塑，即朱阿夫輕騎兵塑像。大橋旁邊立有紀念二次大戰法國抗德運動的自由火炬。（G）

● 為紀念第二次世界大戰法國抗德運動，在阿爾馬橋附近豎立了這座自由火炬。自從英國王妃戴安娜在阿爾馬橋下因車禍遇難，自由火炬便成為人們對她的悼念之處。來自全世界各地的崇拜者在此獻上玫瑰花束、懷念詩句和讚美辭章。

● 朱阿夫輕騎兵雕像原為阿爾馬老橋中央橋墩的四尊雕像之一。四尊雕像塑造了參加阿爾馬戰役四個兵種的形象，其他三尊為擲彈兵雕像、輕步兵雕像和砲兵雕像，而僅保存的朱阿夫輕騎兵雕像常被巴黎人作為標尺目測水位。

塞納河畔　Les Quais de la Seine

塞納河孕育了巴黎，滋養著法蘭西的藝術和文明。潺潺河水流淌在巴黎人的心田和生活之中，產生著高雅的風格和品味。巴黎人從塞納河汲取著無盡的情趣靈感，河畔的人文景觀既保留著民俗習慣，亦展現了現代巴黎人的瀟灑和活力。來自世界各地的人們在此感受著巴黎的藝術魅力、歷史文化和人文精神。（G）

● 塞納河畔舊書攤是名符其實的書香古跡,這個習俗起源於十七世紀剛剛落成的新橋上面,四百年來始終保持著最初的傳統特色。一只只規格統一的綠色書箱綿延排列,任憑人們自由自在地閱讀選購,不時有人從中得到盼望已久的驚喜與收穫。

● 藍天、白雲、綠樹、輕風,塞納河美麗景色令人心曠神怡。船艇咖啡座為人們提供了舒適的露天享樂場所,也為河畔點綴著相宜的景致。船艇、河水、咖啡座和人們相互依存,又相互陪襯,飄散著巴黎馥郁的和諧之美。

● 這座引人入勝的餐廳既不是建立在繁華的街道上,也不是設置在遠洋巨輪上,它是塞納河畔一個固定停留在水面上的船型餐廳。蕩漾著的河水為餐廳帶來輕鬆浪漫的情調,在這裡舉行餐飲酒宴,賓主頻頻領受著塞納河的祝福。

● 乘坐遊船在水上欣賞塞納河沿岸的景觀風光十分有趣,清澈的河水在身邊流過,又緩緩向西流去,彷彿置身在巴黎的歷史長河之中。遊船公司在塞納河畔設有遊艇站,其中最有名的是巴黎客船公司,又稱「蒼蠅船」(Bateaux - Mouches)。

情感與理性的論壇

咖啡與餐飲

波蔻伯咖啡廳、雙君子咖啡廳、花神咖啡廳、
利普啤酒屋、藍火車餐廳、圓頂咖啡廳

前言：咖啡與咖啡文化

巴黎人早晨醒來的第一件事情是喝咖啡，咖啡和羊角麵包是巴黎人早餐的主食。咖啡與巴黎人、巴黎文化息息相關。人們說，如果想要了解巴黎，就要學會坐坐咖啡廳。巴黎有一萬二千家大大小小的咖啡廳，散布在每條街道、每個角落之中。咖啡廳對巴黎來說，一日不可或缺，它是都市的脈搏，啟動著每個新的一天，為整座城市帶來朝氣和活力。喝一杯咖啡提提精神，既是進入工作狀態前的準備，也是緊張工作間歇中的放鬆。休閒時間，咖啡廳又是聚會交談最理想的娛樂天地。一杯小小的咖啡把歷史、社會和人們的生活以及未來世界緊密相連，由此產生的巨大能量輻射四方，蔓延世界。咖啡文化牽連著巴黎的藝術和人文思想，巴黎的進步和發展無不與一家家咖啡廳有著千絲萬縷的聯繫。

儘管咖啡和咖啡廳早已成為西方人的生活方式，但是咖啡產品及其發掘的歷史卻是植根在亞洲。據十四世紀的文獻記載，在八世紀一個年輕的牧羊人卡勒迪（Kaldi）和他的一群羊最先發現了咖啡。一天，正在也門高原上放牧的卡勒迪忽然看到他的羊群吃了那些小灌木的紅漿果都奇怪地蹦蹦跳跳起來。一隻隻山羊搖頭晃腦擺動四蹄，興奮不停地直到黎明。此後，當地人們試著把那些果實的核煮成飲料，喝過的人都獲得了一種神奇的活力，

於是便把它起名為咖啡（Kawah），意思是力量和激情。在漫漫長夜的宗教祈禱中，當人們昏昏欲睡時便飲用一些咖啡，立刻腦袋清醒且勁頭十足。卡勒迪和他的一群山羊無意之中為人類發現了一種振奮精神的辦法，為很久以後的人類進步和都市文明立下一功。

咖啡真正被世人看中大概在十五世紀，伊斯蘭教朝聖者們把中亞細亞半島上的咖啡帶到整個阿拉伯。十六世紀中期，喝咖啡已是埃及、敘利亞、波斯、土耳其的風俗。咖啡的第一批愛好者們通過商人將市場擴展到歐洲。一六一五年，義大利威尼斯率先迎接了第一艘裝載咖啡的貨船。一六四四年，一艘裝滿咖啡的埃及貨船在法國馬賽靠了岸。同時期，英國倫敦、荷蘭阿姆斯特丹也被咖啡的零售商們敲開了大門。直到十七世紀，除了法國皇家植物園中的欣賞物，咖啡還只是阿拉伯的產品。十八世紀初，咖啡樹的種植便被引進了圭亞那、馬提尼克、巴西等位於拉丁美洲的殖民地。

一六六九年，來自土耳其的奧斯曼帝國駐巴黎大使索里芒‧阿加（Soliman Aga）將咖啡帶入了巴黎上流社會。儘管太陽王路易十四偏愛巧克力而冷落咖啡，阿拉伯商人們還是得以大舉攻佔了法國的咖啡市場。到了一七二〇年，巴黎已有數百家的咖啡零售店。

咖啡雖然來自亞洲，卻完全被西方人認同了，它的原始產地既不是歐洲也不是北美這個事實不僅被忽視，而且顯得微不足道。幾百年來，咖啡能夠為巴黎接受，並且形成巴黎的咖啡文化有著必然的原

因。其一是咖啡本身的特性，其二是巴黎人所具有的特點。

一群山羊吃了咖啡豆之後興奮得直至黎明，同樣，一杯小小的咖啡也能夠在暫短時間內喚起人的原創性，促進發揮潛在的想像力，這就是咖啡本身的特性。什麼是想像力呢？詩人、文藝評論家波特萊爾（Ch. Baudelaire）有過闡論：「這種神秘的功能真稱得上是臻美無上的功能！它與所有其他的功能都有關聯；它鼓舞它們，使它們都動起來。」這種只有人類才具備的想像力有著無限能量，「是它分析萬物，然後再組合，收集材料，並根據其規律（人們只有在心靈深處覓得其來源）創造出一個新世界，建立起新事物的感覺。」每個希望有所作為的人，無論從事何種職業，都需要想像力，咖啡正是具有調動和豐富這種能力的作用。巴爾札克沒有咖啡就不能寫作，波特萊爾稱巴爾札克是「一個熱烈的幻想家」，一杯咖啡落肚，思維便活躍了起來，回憶紛至沓來，各種思潮像一支大軍的營隊騷動著。五萬杯咖啡幫助巴爾札克創造了《人間喜劇》這座文學大廈。拿破崙酷愛咖啡，迷戀咖啡廳的時光，他年輕時曾在巴黎波蔻伯咖啡廳以帽子抵押賬單。在埃及戰場，拿破崙消費了大量咖啡，由此激發了軍事才能的發揮。當他被監禁在聖赫勒拿島上更是時刻離不開咖啡了，一生中的最後幾年，拿破崙一邊飲用咖啡一邊撰寫自傳，每天火爐上輪流燒煮著他的七個咖啡壺。

咖啡進入法國的時候，正是法蘭西的啟蒙思想時期，這種能夠激活思維能力的飲料便順利地被這個開始自身反省思考、不斷走向文明進步的民族接受了。在十七、十八世紀之交，法國湧現一批啟蒙思想家：孟德斯鳩（Montesqieu）、伏爾泰（Voltaire）、盧梭（Rousseau）、凱內（Quesnay）、布封（Bouffon）、拉梅特里（La Mettrie）、馬布利（Mably），他們的著述活動引導人們不斷反省思考，開啟頭腦中的智慧，為法國大革命準備了思想條件。一六八六年，世界上第一家咖啡廳波蔻伯在巴黎拉丁區創辦，提供了交談討論的公共場所，立即成為政要、學者、社會名流和藝術家們的聚集之處。多年來，拉·封丹（La Fontaine）、伏爾泰（Voltaire）、盧梭（Rousseau）、博馬舍（Beaumarchais）、巴爾札克（Balzac）、雨果（Hugo）、魏爾倫（Verlaine）都是這裡的常客。十八世紀自由思想空前發展，百科全書的主編狄德羅（Diderot）經常出入此地。作家兼哲學家達蘭貝爾（d'Alembert）、美國科學家兼政治家富蘭克林（Franklin）也常到此。十九世紀法國大革命時期，波蔻伯咖啡廳成為政治志士的聚會之地。人們深化了思考，有了自由精神，便有了廣泛對話的需求，咖啡廳的應運而生形成了一個個社會交流的場所。於是咖啡走出上流社會的沙龍，進入平民百姓的生活之中。

法國是一個思考的國度，巴黎不愧為思想之都。生活在巴黎的人們充滿了想像力和活力，關心身邊以及世界上發生的所有事情。他們需要人與人之間的溝通交流，需要聽取各種不同意見，需要開闊眼界展望未來。的確，人與人的交談之中閃出火花、迸出靈感、掘出潛力、拓出世

界。這樣的交談是完全放鬆的、自然的、不受任何約束的。一杯咖啡、一個座位就是一個自由世界，談工作時，它是辦公室；談情感時，它是兩人世界；談生活時，它是廣闊天地；談藝術時，它是幽深海洋。咖啡座從室內延伸到街道旁，貼沿著行人匆匆來往的腳步。坐在咖啡座位上，欣賞眼前的一切，是一種視覺和思想的獨特享受。行人中那些不同的面貌、服飾和神態蘊涵著無盡的情感和故事。巴黎人具有豐富廣博的審美和思考經驗，在靜靜欣賞觀察之中，透過直覺感受從而啟動內心世界，獲得美妙神奇的思潮靈感。

巴黎人的生活平靜有序，這種平靜如同哲學家伏爾泰所說，不是那種「整齊如一、沉默地划著船的奴隸的平靜」，而是每個人都遵守規則並享有獨立思考和發表見解的權利所形成的穩定。巴黎人是從中世紀走過來的，再也不會回到那種束縛人們思想的時代。經過了文藝復興、宗教改革、啟蒙運動，重新釐清了人與神的關係與本質，人們的自由平等精神漸漸復甦，清楚地認識到創造世界、發展社會的動力來自人類本身。浪漫活潑的巴黎人從笛卡兒「我思故我在」的哲學中學會了理性思維方式。自盧梭之後，法國不斷出現向社會挑戰的勇士，大革命的激情點燃了所有的人，無論共和派、保守派還是頹廢派，處在社會各個階層的人們都對社會改革表示了切身的關心。現代的巴黎人具有喜歡思考、熱衷交談和注重不斷更新觀念的特點，他們駕馭感性和理性的能力更趨成

熟，範圍愈加寬廣。

幾百年來，巴黎街上的咖啡廳成為人們的社交場所，成為豐富精神生活的自由世界。咖啡成為一種最受歡迎的載體，在人們樂於交談探討和相互啟發時施展著它的作用和能量。一個節奏緊張而又思想開放的社會是需要咖啡和咖啡文化的，來自亞洲的咖啡，瀟瀟灑灑地融入了巴黎乃至西方文明之中。（G）

人文小檔案：咖啡和羊角麵包

1683年，維也納被土耳其軍隊團團包圍，奧地利陷入危機之中。一個波蘭軍隊從德國趕來援助，其中一位會講土耳其語的23歲波蘭軍人葛勒希斯基（Kolschitzky）奉命混入圍城的土耳其軍人之中。他憑著流利的語言和精通阿拉伯文化的特長取得土耳其軍人信任，獲得情報。波蘭軍隊終於贏得勝利，土耳其軍隊撤退時丟下他們帶來的大批咖啡。葛勒希斯基立了功，得到五百袋咖啡和奧地利國籍的獎賞。此後，他在維也納開了一家名為「藍瓶子」（La Bouteille Bleue）的咖啡廳。最初，他按照阿拉伯人的習慣把咖啡製作得很濃，奧地利人不太喜歡。後來，他發明了滲濾咖啡的方法，又在咖啡中加入奶油和一點兒蜂蜜，非常受歡迎，因為這樣，此店出了名。葛勒希斯基很會動腦筋，他搭配咖啡的味道試著做了一些小點心，其中有一種做成了類似伊斯蘭教的象徵—新月型，這種彎彎的小麵包特別受歡迎，稱為「羊角麵包」（croissant）。以後，這種遍及維也納的羊角麵包傳到巴黎，進入巴黎人的早餐桌上。現在，巴黎人的早餐以咖啡和羊角麵包為主。（G）

波蔻伯咖啡廳　Le Procope

實用資訊

地址：13 Rue de l'Ancienne Comédie 75006 Paris
交通路線：Odéon 地鐵站
開放時間：每日11：00→凌晨1：00

波蔻伯咖啡廳位於巴黎拉丁區，創辦於一六八六年，據悉是世界最早的咖啡

廳。開張後即成為政要學者、文化名流以及藝術家們的聚集之處，不單是拉封丹、伏爾泰、盧梭、巴爾札克、雨果等文學哲人經常光顧，大革命時期政治領袖羅伯斯庇爾、當東更是曾在此召集會議；人們在此不僅可以品嚐咖啡更可追尋到名人們的歷史遺跡。波蔻伯在一九八九年經改建後，如今是一家深具十八世紀風格的餐廳。（G）

● 300多年來，傑出人物在這裡進進出出，留下不少軼事；伴隨著法國歷史的進程，波蔻伯咖啡廳作為見證者，為人們提供了生動的史實細節。青年尉官拿破崙在此曾以帽子抵押帳單，然而，誰會想到這位沙場浴血奮戰的偉人也曾這般迷戀咖啡廳的時光呢！

● 十七世紀莫里哀時代，戲劇愛好者在此相會聚集。十八世紀，自由思想空前發展，百科全書的編纂歷史與波蔻伯咖啡廳密切相關，主編狄德羅經常出入此地。咖啡廳中至今仍然保留著伏爾泰當年使用過的桌椅，彷彿這位思想家的啓蒙激發仍時時激盪著咖啡廳的空間。

雙君子咖啡廳　Les Deux Magots

實用資訊

地址：170 Boulevard St - Germain 75006 Paris
交通路線：St-Germain-des-Prés 地鐵站
開放時間：每日7：30→凌晨1：30
　　　　　　1月份休息一週

雙君子咖啡廳位於巴黎第六區人文薈萃的聖熱爾曼德佩大街，自一八八二年開

始，因藝術家和文學家經常在此聚會而獲盛名。一個多世紀以來，畫家、作家、詩人，還有政要和藝術家經常在這裡要一杯咖啡，伏案疾書或相聚討論。海明威、畢卡索是常客。如今，光顧者仍多為知識分子，其中不乏出版商、作家及記者。（G）

二〇、三〇年代，超現實主義藝術家和作家天天出現在雙君子咖啡廳，圍繞著創始人—詩人布列東熱烈討論。而到了五〇、六〇年代，這裡是存在主義哲學家們聚會的地方，沙特、西蒙波娃等亦在此駐足，影響二十世紀法國文化藝術潮流，於是便在此一波一波地醞釀展現開來。

咖啡廳以「雙君子」命名，源於廳內高懸的兩尊中國清朝貿易商木雕。尊崇東方文化，正是巴黎人文化修養的一面；中國悠久的歷史和豐富的文化對巴黎知識分子產生著強烈的吸引力，他們具有熱切了解和感受中國文化的願望。

花神咖啡廳　Café de Flore

實用資訊

地址：172 Boulevard St - Germain 75006 Paris
交通路線：St - Germain - des -Prés 地鐵站
開放時間：每日 7：00→凌晨 1：00

花神咖啡廳緊鄰著雙君子咖啡廳，創辦於一八八七年，至今仍保留著古典裝飾藝術的建築風格。坐落在充滿文化藝術氣息和魅力的聖熱爾曼德佩大街，亦為無數知識分子所偏愛。在這個自由天地裡，啜著一杯杯咖啡香，不同時期文學藝術的各種流派充分在此交匯激盪。二十世紀上半葉的超現實主義藝術和二次世界大戰後的存在主義哲學於是便這樣地孕育發展起來了。（G）

● 咖啡廳以「花神」為名，源起於豎立在不遠處的一個小型花神雕像。十九世紀末，作家莫拉斯(C. Maurras)在此咖啡廳一樓寫下《在花神的撫愛下》一書。花神咖啡廳得到藝術家、記者和政界人士的鐘情；於是，人們說，在此啜飲一杯咖啡便如同領受了哲人們的靈思呢！

● 這裡曾是詩人阿波里奈的工作室，1913年他把《巴黎之夜》雜誌編輯部設於花神咖啡廳，布列東與志同道合的阿拉貢、蘇波在這裡相識。1917年，阿波里奈以「超現實主義」為他們的藝術流派命名。二次世界大戰後，哲學家沙特和西蒙波娃是這裡的常客，經常在此流連駐足。

利普啤酒屋　Brasserie Lipp

實用資訊

地址：151 Boulevard St-Germain 75006 Paris
交通路線：St-Germain-des-Prés 地鐵站
開放時間：每日9：00→凌晨2：00

利普啤酒屋始於一八八〇年，坐落在文化氣氛濃厚的聖熱爾曼德佩大街，室內設有咖啡座和餐廳，裝潢舒適典雅。一百多年來，這裡的聲望歷久不衰，啤酒尤其聞名，吸引著巴黎文學、藝術、政治、新聞各界名流前來相聚，暢飲暢聊，品嘗阿爾薩斯傳統菜式；海明威、阿波里奈、馬爾羅、卡繆、畢卡索、沙特這些文哲藝術家便是此地常客。（G）

　　這裡是政要們喜歡的地方，希拉克總統和之前的法國歷屆總統和總理常常光顧，而部長和國會議員們習慣在此進餐，議論國事。人們笑曰：政要們在利普啤酒屋制定的政策，在圓頂咖啡廳被打亂。啤酒屋室內裝飾獨享盛譽，被列為歷史保護文物。

　　以鸚鵡仙鶴為圖案的瓷磚彩繪頗具神韻，頂棚油畫已被一個世紀以來顧客們的吞煙吐霧燻成美麗的咖啡顏色，唯有轉角的一片畫面未受燻染，仍呈原來的色彩。歲月無情，而這片歷史的痕跡似乎是對時間的追尋和留戀。

藍火車餐廳　Le Train Bleu

實用資訊

地址：20 Boulevard Diderot 75012 Paris
交通路線：Gare de Lyon 地鐵站
開放時間：每日 12：00→14：00，
　　　　　　19：00→22：00

　　藍火車餐廳亦設置咖啡座，位於巴黎里昂火車站大廳內，與擴建火車站同為迎接一九○○年萬國博覽會的城市規劃，同期工程還有大皇宮、小皇宮、亞歷山大三世橋等等。藍火車餐廳於一九○一年開張，一個龐大的管樂隊和熱情歡樂的人們伴隨著法國總統盧貝(E. Loubet)出席了儀式。「藍火車」是當年一列往返巴黎和蔚藍海岸的著名豪華火車，餐廳便以此為名。（G）

● 這幅名為〈奧朗日劇院〉的巨大油畫裝飾在大廳深處的顯著位置，為法國畫家麥讓 (A. Maignan) 所創作。豐富的畫面和色彩展現了十九世紀末的生活圖景，人物中有法國鐵路公司董事長德爾維勒、總經理諾布勒麥爾，以及著名的戲劇藝術家。

● 藍火車餐廳有著眾多的雕塑、鍍金裝飾和巨幅油畫，完整地保留了 1900 年時期的風格。41 幅色彩鮮艷的油畫精緻有序地再現了十九、二十世紀之交的風光景色和當時事物，使人感到好似置身在一座藝術博物館之中。

圓頂咖啡廳　La Coupole

實用資訊

地址：102　Boulevard du Montparnasse
　　　　75014 Paris

交通路線：Vavin、Montparnasse 地鐵站

開放時間：每日 7：30→凌晨 2：00
　　　　　　12 月 24 日休息

這些裝飾完美的牆壁、柱和鏡子記載著知識訊息的交流與傳播。求知的人們永無止境地探索著世界，重溫著偉人思想，提出新的見解。這裡是一個振奮精神、展望未來、充滿幻想的生活中心，為人們增添著智慧、朝氣和活力。

圓頂咖啡廳具有傳統特色，兼營餐廳和舞廳，位於蒙巴那斯大街，有一個十六公尺高、由三千一百八十五塊閃光彩色玻璃組成的漂亮圓頂。一九二七年創建後立即成為全世界聞名且歐洲最大的咖啡廳。哲學家沙特和西蒙波娃、雕塑家塞札爾經常來到這裡。一九八〇年代裝修成具有現代化多功能的樣貌，吸引了文化藝術界人士和來自世界各國的顧客。(G)

圓頂咖啡廳佔地面積 2000 平方公尺，不僅是人們的享受餐飲之地，亦為文化娛樂場所。各界人士喜歡參加這裡舉辦的活動，也喜歡在此聚會尋求輕鬆歡樂。盛大的場面散發著熱情且活力四射的感染力，興奮的人們在此忘卻了疲勞和煩惱，獲得了精神上的放鬆與滿足。

壯碩的市容
街景、地鐵與居家

菲利普二世城牆、伏特街三號、莫夫塔爾街道、聖米歇爾大道、西堤島、蘇福洛街、勝利廣場、國家廣場、共和國廣場、蒙巴那斯大廈遠眺、香榭麗舍大道遠眺、地鐵標誌、阿貝斯地鐵站入口、羅浮宮地鐵站月台、杜樂麗地鐵站月台、索歐公園地鐵站月台、密特朗國家圖書館地鐵站月台、馬讓達地鐵站月台

前言：品味與創新

如果問一個法國人什麼是最美的，他會誠懇地告訴你：是自然與和諧的、是你自己最喜歡的。這是包含著個人風格的審美品味。法蘭西民族汲取了人類歷史最豐富的精神營養，有著高尚境界中的審美情趣和廣博無盡的創造能力，形成獨樹一幟的個性與風格。人們將各自的藝術修養滲透在生活的各個層面，匯集成遵循傳統且又合乎邏輯、充滿個性美感的整體。

法國似乎天生熟諳色彩藝術，對陽光與顏色有著不凡的感悟。詩人、文藝評論家波特萊爾（ch. Baudelaire）對色彩有這樣的解釋：「在色彩中有和諧、旋律和對位法。大自然在色調安排上從來不會弄錯，這是因為自然界存在著化學親合作用：對大自然來說，形態和色彩是一致的。」這個解釋開啟了印象主義先河，在這個誕生印象派繪畫的國度裡，人們對色彩格外敏感和尊重。生活在美麗富饒的法蘭西大地，或許是受到水土、遺傳和薰陶的影響，幾乎每個法國人都是善用色彩的專家。他們懂得大自然的規則，對色彩搭配運用自如，內行得如波特萊爾所稱讚的那樣「天生懂得色彩的系列、色彩的力量、各種色彩調合的效果，以及對位法的全部訣竅。」他們把這種能力施展在工作和生活之中，衣食住行無處不體現著色彩藝術的美感。法國女人的美，既是天生麗質的容貌體態美，又是大方溫文的氣質修養美，還懂得品味非凡的衣著服飾美。一件簡單普通的衣衫，穿在法國女人身上便會顯出耐人尋味的美，不經意的裝扮之中有著恰到好處的精妙，其奧秘就在於她們通曉色彩藝術，懂得如何去搭配安排。整個民族具有的高度審美鑑賞能力，使得法國服裝和化妝品工業始終處在領先地位，引導著世界潮流。

和諧是美的重要條件，在法國人的生活之中尤其受到重視。法文 assorti 指的是相配協調。缺乏 assorti 就構不成美，相配協調才會產生美的效果。譬如酒的飲用要講究和諧，吃海鮮一定要配白酒；奶酪一般要與紅酒同時進食；粉紅酒在飯前飲用，不能混合主菜；白蘭地則為餐後交談時品嘗，要用專門的酒杯，輔以優雅的手勢和相應的舉止：端詳顏色、嗅聞醇香；香檳在慶賀的場合開啟，盛在特別的酒杯裡……。不僅是餐飲，類似這樣的和諧比比皆是，生活當中處處顯示著高雅的品味。即便是噴灑香水，也要與不同的體味相配得當，才會使其散發出誘人芳香。這些協調規則具有科學依據和美學原理，在千百年來的實踐之中形成法蘭西民族的傳統習俗。長期受這樣的薰陶，assorti 寓於每個法國人的審美觀念之中，更體現在大大小小的事物上。

法國餐飲品味之高，聞名世界，菜式的味道、樣式和色彩都精美得令人驚羨。法國人把烹飪當作一門藝術，對此有著濃厚興趣。下廚操忙並非純屬家務，而是一種廚藝更是創意的過程，拿手好菜便是藝術作品了。女權主義者們無論獨立到什麼程度，也不會放棄廚房領地，她們贊成

「回到廚房中去」這樣的口號。在法國人的家中寓所中，廚房和餐室始終佔有重要位置，其布置裝飾更是受到相當的重視。對於藝術世界的審視，每個人都有著自己的情趣。人們本以各自的感覺、體驗、個性、偏好和理想產生美感。千篇一律、人云亦云式的樣式因缺乏生命活力而得不到欣賞。世上沒有完全相同的兩片樹葉，也沒有完全相同的兩個人，因此，審美觀念中的不同個性特點便格外受到尊重。法國人充分感受生活和自然的美，汲取營養化作自己的精華，也充分表現個人的審美情趣和獨特性。在巴黎，或者在法國的任何一個地區，同具地方特色的建築群之中幾乎看不到兩座一模一樣的房子和花園，也看不到兩種一模一樣的室內裝飾，統一的風格中突出著個性，既不重複別人也不重複自己。一條道路、一座橋樑、一個地鐵站，不同建築中體現著與周邊地景地貌的協調，調和的景物，讓人感受著心理和視覺上的舒服享受，而正是這些展示心靈自由的無數傑作，耕耘出一個千姿百態、魅力無窮的人間樂園。

啟蒙思想家盧梭（Rousseau）認為人的誕生有過兩次：「一次是為了存在，另一次是為了生活……。第二次誕生，到了這個時候才真正地開始生活。」當人們以精神超越物質作為生活準則時，也就能夠真正體現人的存在價值。此時，作為具有思維特質的人們便以更高級的方式在世界上生存。散文家蒙田（M. E de Montaigne）早在十六世紀便提出「懂得堂堂正正享受人生，這是至高的甚而是至聖的完美品德。」盧梭對人的欲念與自愛有著精闢的闡述：「所有一切欲念的本源、唯一同人一起產生而且終生不離的根本欲念，是自愛。它是原始的、內在的、先於其他一切欲念的欲念。」「自愛始終是很好的，始終是符合自然的秩序的。由於每一個人對保存自己負有特殊責任，因此，我們第一個最重要的責任就是不斷地關心我們的生命。如果他對生命沒有最大的興趣，他怎麼去關心它呢？」關心生命，認識自我，以極大的熱忱思索生存方式。法蘭西民族經由從文藝復興時期開始的幾百年探尋和實踐，透過理性的光芒突破了愚昧的陰霾，從自身和其他民族的歷史文化發展之中逐漸懂得人和人生的價值。於是，發揮人的創造能力、堂堂正正地享受生活、尊重自己和尊重他人便成為法蘭西的民族精神，成為自由、平等、博愛的信條理念。這樣的精神和理念不但構成生活在法蘭西國土上的個人行為準則，也形成了法國人民共同遵守和服從的社會公德，個人與社會的協調一致有著規範化的保障。法蘭西進入了一個高度物質文明和精神文明的社會階段。

藝術之美從一個方面提高著整個法蘭西民族的修養，淨化著人們的心靈，將精神昇華到崇高的境界。作為一個人的美，既有人體之美，亦有精神之美。將藝術魅力滲入生活各個層面的人們深諳精神美的價值，這是綜合社會關係、為人處世方面更高的品味。人們更加重視內在素質的培養和心理方面的調整，以展示自己最完美的精神世界。修養高、有智慧、品德良好的人受到社會推崇和尊敬。反之，若只顧自己的利益而不顧他人的感受，則不能為

社會所接受，人們避而遠之。一種發自內心的、面對良知的、源於需要的自覺性，構成社會公德的主要基礎。處在法國這個高度文明生活環境之中，提高個人修養，尊重他人，自覺維護社會利益不僅重要而且是必需的。

在一個尊重自己也尊重他人的社會環境之中，人的才能和潛力得到最大程度的發揮。如盧梭所言：「一旦潛在的能力開始起作用，在一切能力中最為活躍的想像力就覺醒過來，領先發展。」正是由於人們的想像力在一個自由平等的環境中得到無盡的發展，整個法蘭西民族便釋放出巨大的創造能量，匯聚成強盛的國力。文藝復興以來的成就在藝術文化範圍內碩果累累，同樣也在科學技術領域中輝煌燦爛。面對現代高新科技的激烈競爭，法蘭西始終驕傲地位居世界先進行列之中，阿利亞娜運載火箭、歐洲空中客車、核能技術、

高速火車、航空母艦……。未來世界將會怎麼樣呢？盧梭早有預言：「真實的世界是有限的，想像的世界則沒有止境。」毫無疑問，法蘭西民族將繼續以其無限的創造精神走向下個世紀。（G）

菲利普二世城牆

街景

昔日古牆今日依然駐立街旁，八百餘年前菲利普二世建設巴黎的偉業，僅存這片城垣。時代即使不斷翻新，試圖為巴黎找出昔日影像的有心人，往往駐足街角仰頭瞻望。蒼涼悲壯的氣息恍惚從岩石中散發出來。（P）

伏特街三號　No.3 Rue Volta

街景
實用資訊

地址：3 Rue Volta 75003 Paris
交通路線：Arts et Métiers 地鐵站

伏特街三號長期以來被認為是十三世紀建築物，然而一九七八年經過研究證實十七世紀時曾經一度翻修。這是巴黎碩果

狹小巷道，側立著五層樓的中世紀建築。斑駁的石塊頂著褐黑的木材，飽經風霜，依然穩健。數百年的歲月飄逝，不知幾易主人。在它面前，有限的生命營為，越發顯得渺小。

僅存中世紀晚期的民房建築樣式。堅實橫樑、灰泥天花板以及交錯木材是中世紀民房的典型風格，每層樓高僅兩公尺，窗戶異常狹小。（P）

● 巴黎已難見到這類石材木材混合使用的建築。木材隱然成為建築畫面上的輪廓線，將這棟民宅描繪得樸拙堅實。如果沒有超越時空的意涵，或許這些粗黑線條將會失去其堅忍的特質。

莫夫塔爾街道　Rue Mouffetard

街景

● 兩千年前塞納河南邊的這條街道，通往永恆都城羅馬，十三世紀卻因散發出染料惡臭而被命名為「碳酸噴氣」（Mofette）。然而，今天擠滿了露天市場，熙熙攘攘，熱力與生氣並沒有隨著時間的飄逝而歇息。（P）

聖米歇爾大道　Boulevard Saint-Michel

街景

● 聖米歇爾大道取名聖經故事，原為羅馬時代老街，1868 年奧斯曼男爵重新規劃，賦予了新的生命。它連接盧森堡公園與西堤島，一年四季人潮不斷，面對西堤島廣場的噴泉雕像讓這座老街湧現生機。（P）

西堤島　île de la Cité

夕陽灑下，光芒四散，位居渡河要衝的西堤島成為巴黎文化發源地。無數宏偉建築為巴黎留下時代見證，描繪出巴黎的滄桑與繁華歲月。巴黎古監獄曾經關押了瑪麗王后以及數千個待處決的囚犯。（P）

蘇福洛街　Rue Soufflot

十八世紀偉大建築師蘇福洛建造光的殿堂——先賢祠，兩旁高聳建築延伸到盧森堡公園，可以遠眺艾菲爾鐵塔。大道起點先賢祠左後方奉祀著巴黎守護聖女聖傑涅維芙棺廓的聖埃蒂安杜蒙教堂，並有著名學府亨利四世中學。（P）

勝利廣場　Place de Victoires

街景

● 1792 年大革命期間廣場中心的路易十四雕像被毀，1822 年王政復古時再次重建，然而卻已失去原有的氣魄。廣場四周林立著許多著名的精品店，外貌還保持著蒙沙設計時的原樣，維持著協調莊重與均衡美感。（P）

國家廣場　Place de la Nation

街景

● 1660 年為迎接英年的太陽王路易十四與年輕王后入巴黎，在此建立寶座。1792 年大革命時寶座被毀，搭起斷頭臺，無數的無辜者在此慘遭屠戮。1880 年國家慶典時建立起法國女神群像，從此共和國子民共享自由、平等、博愛的精神。（P）

共和國廣場　Place de la République

◢ 原本是古老的水堡廣場，1856 年起到 1865 年之間將路易十四時代的堡壘整飭改建。1883 年建立起共和國雕像，下方環繞著法國推翻王政到共和國建立的歷史故事浮雕。然而，這座廣場已經不像勝利廣場般，保持完整統一感。（P）

蒙巴那斯大樓遠眺

◢ 熱爾曼德佩廣場前依舊充滿無數觀光客，咖啡廳雅座林立呈現出安靜恬適的氣氛。從這裡可以遠眺近 60 層的蒙巴那斯大樓。巴黎的偉大之處在於大道之間相互呼應，許多重要街道的盡頭都以著名的建築為視覺消失點。（P）

香榭麗舍大道遠眺

◢ 從大拱門上遠眺香榭麗舍大道更能體會巴黎的偉大與精妙。筆直的大道綿延數十里之遙，巴黎永遠以其高度的理性與創意的精神延展其市容。每一個時代巴黎因為不同大建設規劃而呈現出不同的活力新面貌，這般創新精神引導著巴黎走向未來。（P）

地鐵標誌

地鐵

　　繼倫敦一八六三年、芝加哥一八九二年和紐約一八九五年有了地鐵之後，巴黎於一九〇〇年也開啟了第一條地鐵線，發展至今，共有十四條市區普通線和五條郊區快線，形成東西南北四通八達的地下交通網絡。目前，法國是全球無人駕駛地鐵最多的國家。巴黎地鐵站的設計和站內裝飾多與地景地名配合，其設計十分強調文化藝術性。（G）

● Métro 譯為地鐵，是 métropolitain 的縮寫，即地鐵站。在巴黎市區，平均每平方公里至少有三個地鐵站，無論在哪個街區角落，只要步行幾分鐘便可找到一個地鐵入出口。地鐵站以METRO為標誌，或僅以一個縮寫字母 M 代表。

阿貝斯地鐵站入口

地鐵

● 阿貝斯地鐵站（Abbesses）位於巴黎第 18 區熱鬧的阿貝斯廣場上。綠色鐵鑄挑棚和鑲嵌的玻璃燈為建築師吉瑪（H. Guimard）的精心設計，呈現「新藝術」的裝飾風格，其美麗的造型猶如給站口戴上了一頂華貴的女式遮陽帽，而諸如此類樣式的地鐵站在巴黎還有幾處。

羅浮宮地鐵站月台

● 羅浮宮地鐵站（Louvre Rivoli）展現的是如同一座博物館般的內涵和設計，月台兩旁有序地展示著羅浮宮藝術品的複製作品。它們或塑造在牆壁上，或陳列在櫥窗中，或豎立在凹進的壁座裡，配上文字注釋，於是，人們一走出車廂，便彷彿步入了美術館的參觀行列。

杜樂麗地鐵站月台

索歐公園地鐵站月台

● 杜樂麗地鐵站(Tuileries)在杜樂麗花園附近，是巴黎市中心一個重要的車站。月台兩旁依次排列十幅法國百年地鐵史的巨型壁畫。其中每個年代發生的重大事件均在壁畫中留有影像，鉅細靡遺，像是一部二十世紀法國教育、科學和文化的發展史。

● 索歐公園地鐵站（Parc de Sceaux）在巴黎西南郊區，是地鐵快線 B 的一個露天車站，地處十五世紀形成的索歐風景區。公園裡有十七世紀的花園、運河和仿路易十三時期的宮殿。地鐵站月台牆壁上則展覽著索歐風景區歷史風貌的系列圖片。

密特朗國家圖書館地鐵站月台

地鐵

● 密特朗國家圖書館地鐵站（Bibliothèque Francois Mitterrand）是十四號線的南終點站。第十四號地鐵是目前巴黎唯一全自動無人駕駛地鐵，首次實際應用安全自動控制軟件技術，採用數學模型程序設計方法，並在月台配有各種最先進的設施和監控系統。

馬讓達地鐵站月台

地鐵

● 馬讓達地鐵站（Magenta）是 1999 年新開啓的郊區快線 E 的一個車站，與巴黎北（火車）站相連，處於大型地下交通樞紐的環節之中。其月台如同是一個寬敞舒適的休息場所，美麗的燈飾散發著柔和的光線，予人輕鬆恬靜的藝術享受。

客廳

居家布置

藝術在巴黎這座都市之中無處不在、無所不遇，在這樣環境裡居住的人們普遍具有相當水準的藝術感悟力和創造力，施展在他們日常生活的各個方面。由於不同的個性及愛好，產生了不同的居家布置與裝飾風格，體現著各自的藝術鑑賞力和修養。個性寓意於共性，人人遵守色彩協調的規則，創造著舒適心靈兼具視覺享受的居住環境。（G）

● 巴黎一個傳統家庭的客廳，不以豪華裝飾和艷麗色彩為其特徵，而是側重格調莊重和品味的高雅，廳中物品的質地和手工均屬上乘精細之作。壁紙、地毯、沙發、茶几、角櫥以及壁飾和畫作皆講究相互襯托，強調整體色彩的協調一致。

巴黎現代公寓的一個客廳，淡雅和諧，輕鬆安靜。壁格之中隨意放置的小飾物活潑了室內氣氛，植物的擺設也為屋中增添了一番自然生機；地燈、茶几的線條造型帶著些許動感。窗簾的顏色則突出了整個客廳的主色調，牆壁、地毯及家具的色彩搭配和諧。

餐室

居家布置

居住在巴黎的外省市人往往保持著家鄉的習俗。這座別墅中的餐室有著法國西部布列塔尼的風格，餐桌餐椅和餐具櫥櫃均為布列塔尼特有的雕花家具，牆壁四周上方懸掛著布列塔尼式的彩盤，所有的餐室裝飾皆呈現著主人濃濃的鄉情。

巴黎人的寓所均有一間固定餐室，或與客廳相連，或單獨一室。餐室中擺放著供及全家人使用的餐桌餐椅，餐具餐巾則選用與餐室相應的色彩。這個傳統家庭的餐室安置了一個新藝術時期的餐具櫥櫃，增加了生活品味。

這個現代公寓的餐廳借景了落地窗外的風光，以綠色為主調，室外景色陪襯著室內裝飾，使廳室裡充滿生氣。這種向外探求與自然風景相融的餐室裝飾，具有獨特的創意，富於生命的青春活力，顯示了對自然美的尋求。

書房

居家布置

浴室

居家布置

● 在寓所中擁有自己的書房是精神生活之需求，書香縹緲，慰藉心靈。書房需光線充足，簡潔莊重，格調高雅。書中飽含無價財富，為人類帶來高尚智慧和無限樂趣。而書又是最美的家具，除了書櫃、桌椅和相關用品，無需更多裝飾。

● 浴室之中的享受是愉快生活的一部分。在這裡得到身心的徹底放鬆。浴室的功能不僅限於清潔，還是一個獨自休息的地方。出浴之後亦可在此欣賞音樂，讀書思考。浴室的裝飾並未被忽視，光線柔和，色彩調和便於鬆弛精神。

臥室

居家布置

● 臥室的整潔絲毫不被忽視，這是自我尊重和內在修養的表現。室內裝飾和色彩亦有獨特風格，體現著個性偏好。這間臥室床頭牆壁上懸掛了一些新藝術時期的畫作，為室內帶來高雅的藝術氣息，是主人珍愛的藏品。

● 臥室在寓所之中最具私密性，其裝飾、布置及擺設均為己所悅。家人的珍貴照片置放於臥室內，以慰最親近的思戀和懷念。這間臥室裡擺放了家傳的路易十五時期座椅，既有實用價值，亦具紀念意義。

廚房

● 廚房為寓所中的一個重要部分，被視為施展廚藝才華之地。法國的飲食文化聞名世界，家庭烹飪亦享有藝術創作般的榮譽。廚房的裝飾具有實用、方便和美觀的特點，整齊有序地排列著各種烹飪用具和調料。

● 廚房獨佔一室，安置桌椅，不僅是烹飪之地，亦有多種用途。早餐、茶點、便餐通常在廚房進食，同時也可收聽新聞廣播與閱讀書報。廚房還可當做寓所中的第二「書房」，在此讀書寫字。廚房亦為巴黎現代女性不可放棄的重要領地。

窗欄

居家室外

居室之外的空間既是公共環境，又與個人生活緊密相連，同樣受到人們的重視。美化室外環境不僅是社會公德，亦包含著個人的利益需求，有著法律和公德的制約，也有著人人遵守愛護的自覺性，創造人文與自然協調的環境，是人們共同的願望和行動。居住在別墅可任意選擇栽種花草樹木，充分享受園藝創作和體力勞動的樂趣。（G）

● 花都巴黎的居民與鮮花生活在一起，室外除了公寓中的陽台和屋頂平台可栽種鮮花，每座房屋的窗戶也設計了窗欄放置盆花。法律保障了住屋，保險包含了為這些盆花跌落及他人時的賠償條款。市區居民大多喜歡栽種繡球花和矮牽牛花。

市區公寓綠化

居家布置

● 現代公寓帶有附設的花園和草坪，老式公寓除了院內花園外，臨近街道的地面便是以見縫插針的方式擴大綠化面積，美化的環境使人們精神輕鬆愉快。在這個具有環保意識和綠化常識的國度中，愛護花草是人人自覺遵守的公德。

別墅花園

● 獨門獨棟的別墅住宅區多半建在郊外，坐落於各自規劃的花園草坪之中。親自動手栽培花草、種植果樹別具無窮趣味。千姿百態的房屋各具特色，加上美麗迷人的花園草木園藝作品，構成一幅幅生動鮮艷的畫面。

郊區公寓綠化

● 昔日荒地開闢為公寓住宅區，依照自然地勢建築房屋，鋪設道路；運用起伏的坡地修建花園，栽培樹木。置身其中猶如居住在自然風景區內。大片綠色植物使得空氣十分清新，大部分巴黎人因而喜歡居住在郊外。

人間樂園

公園與戶外音樂

浮日廣場、盧森堡公園、王室宮殿花園、杜樂
麗花園、秀蒙丘公園、凡仙森林、蒙索公園、
蒙馬特區、維雷特公園、室外演奏

前言：文化與休閒

巴黎是世上最優美，文化內涵最豐富的首都之一。歷代歐洲的文人雅士、藝術家、思想家大都從這裡淬鍊出滋養，並且將其文化滋養散佈到世界各地，使它的優美影像成為人們所嚮往與追求的所在。十六世紀弗朗索瓦一世時代，大韻律詩派（Grands Rhéthoriqueurs）詩人克萊蒙·馬羅（Clément Marot），歌詠著：「在美麗的都城巴黎，一日，憂鬱飛揚。我與無上開朗的少女，締結新誓，雖然卿在義大利，相隔兩地。」（Poésies, 1544）詩人身處巴黎，卻又心繫義大利的情人，戀情飛揚，愁思將巴黎與義大利結合在一起。

文藝復興末期的這位法國偉大詩人如何感受到巴黎的優美？在美麗的巴黎，他想念遠隔天涯的情人，尚好殊顏，韻味難尋的清純，使他神魂顛倒。試想沒有巴黎豐富文化，實難產生克萊蒙·馬羅這樣的偉大詩人。他的詩法極富創意，詩的意境將義大利文化與法蘭西精神融會在一起。詩人對於周遭的感受最為敏銳，也最能夠直接觸及事物的本質。到了二十世紀的詩人雷蒙·克諾（Raymond Queneau）口中說出：「我的愛我的苦，都必然死去，塞納河枯竭，巴黎湮滅。」（L'Instant fatal, 1948）。美麗的巴黎讓詩人感到喜悅，並使他受到別離的煎熬，塞納河、巴黎都隨著情感的翻騰而消逝，因為兩者都已經滲入詩人的情感當中了。法蘭西的詩歌傳統十分悠久，詩人輩出，並且為巴黎構築了豐富的人文內涵。

巴黎從路易九世時代開始已經慢慢在政治、宗教上超越西歐都城之上，燦爛輝煌的聖禮拜堂使我們得以窺見當時的時代氣氛與審美情趣。巴黎的都市文明興起得相當早，初期的都市機能僅是防禦外侮的政治性都市。隨著法國統一，巴黎從防衛性機能慢慢轉變成王權的中心。此時，巴黎依然只是西堤王宮足堪使人興起景仰的熱情。然而歷代國王對於王城建設不遺餘力，王宮慢慢擴大起來，巴黎也漸漸擴大了市容，藉由王宮的不斷興建，法國由歐洲各國請來無數傑出的藝術家，開始將巴黎妝點得美輪美奐。

弗朗索瓦一世在位時可以說是法國文化、藝術呈現出自己獨立風格的時代。在他的統治下，「七星詩社」（Le Pléiade）的活躍，使得法蘭西文化呈現出自己的獨立風格。文人雅士開始從傳統的民族文化土壤中探索自身文化的價值。杜伯雷（J.Du Bellay）寫作《法語的保護與顯揚》（Défense et illutration de la langue française），模仿古代文藝的格調與優雅，將這些文化精髓移植到法語當中，使法國文藝具有不下於古代文藝的品味優美與深度。法蘭西的文藝復興運動展開於弗朗索瓦一世時代。宮廷貴胄們在生活所需的宮殿、宅邸，為藝術家創作提供了無上的藝術創作的場所。弗朗索瓦一世不只裝飾了楓丹白露宮，也讓羅浮宮、杜樂麗宮更顯得優雅動人。以後的歷代君王、后

妃、貴族、文人都熱心於文藝的提倡與愛護。他們敞開心胸，吸收外來文化，讓法國文化更具多樣化，也讓法國文化更加往自己所獨特的風格發展，進一步彰顯出法蘭西文化的精神。也正是這樣的精神使得法國文化表現出追求和諧、統一、含蓄的特質。這種特質是不喜歡華麗的技巧誇示，而重視莊重的尺度，不喜歡華麗的外觀，而重視充實的內涵。也就在這樣的一個時代背景下，楓丹白露宮出現優雅且清冷的官能性藝術表現，於是法蘭西的人文精神漸漸形成。

法蘭西文化展現出明確的理性與纖細的感官視覺，兩者相互平衡互動，開展出法國的「人本主義」精神。這種文化與宮廷上的藝術表現相結合，往後發展到普遍的生活層面上。豪華的宮殿建築、貴族宅邸，或者說優雅高貴的文人沙龍，或者往後興起的人文薈萃的咖啡館雅座，也都是法國文化在各層面上的展現。貴族的生活品味細緻而多樣，舉手投足都表現出豐富的文化內涵，也正因為這樣高貴的生活表現，使得普魯士王廷甚至俄國帝都聖彼得堡都以凡爾賽宮廷為模仿對象。貴族對於生活品味的重視使法蘭西文化發展為精緻優美。休閒（loisir）原本起於有閒階級，而且是人文修養高尚的貴族、文人的精緻文化，使得休閒具備相當高的文化內涵。法國大革命正式確立了法國的立國精神，羅浮宮成為展示法國寶物的公開場所，平時人們只有透過宗教盛典，才能觀看教會所珍藏的寶物。現在，民眾隨時都可以前來昔日權威所在的王宮，觀賞作品，享受視覺的美感，豐富自己的文化修養。當代巴黎都市的基礎，奠基於拿破崙三世時代奧斯曼男爵對於巴黎的徹底改建計畫。於是巴黎不只皇家擁有園林，連老百姓也都有假日休閒的去處。盧森堡公園、秀蒙丘公園、蒙索公園、凡仙公園、布隆公園的規劃都是開放式的公園，成為人們假日旅遊休閒的場所，即使幼童也擁有舒適的休閒空間。巴黎的綠地不斷擴大，市容變得愈加地人性化，也正因為這樣巴黎才成為世界上最大的旅遊勝地。

文化與休閒互為表裡，如果沒有豐富的人文思想，休閒便無法提升其真正的內涵，也就無法達成真正的休閒意味。相同地，休閒也顯示出文化創造的含蓄力，在休閒中讓人們盡量放鬆心情，調整平時就被枯燥繁瑣的日常生活所刻板化的步調得以重新調整，重新出發，再次投入創造新文化的行列中。此外，休閒也是人們得以時時重新審視自然的良好機會。

詩人蘭波（A.Rimbaud）曾為一八七一年巴黎的大動盪抒發心中感受：「大激動湧自心底，當我們看見有人，要讓天使手失色，讓指間流淌鮮血。」（程抱一譯《法國七人詩選》）。早熟詩人見證了時代變動，為我們寫下熱血沸騰的證詞。

巴黎就是這樣豐富，每個地方似乎都有思想家、詩人、畫家為我們留下的蹤跡，讓我們追憶、憑弔。休閒的價值在於與無形的文化與有形的視覺影像產生互動，藉此使自己內心產生新的質變，由此創造新文化、新文明。（P）

浮日廣場　Place des Vosges

實用資訊

地址：Place des Vosges 75004 Paris
交通路線：Bastille、　St-Paul 地鐵站

● 浮日廣場至今仍然保留著濃郁的文藝復興時期風格，是巴黎人喜愛的休閒場地。在天氣轉暖的季節，人們三三兩兩、自由自在地躺臥在草地上，任憑想像回憶奔馳，或與友人同遊、或與家人同想，彷彿置身人間樂園。

這裡曾是比武場地，一五五九年，亨利二世在此比武受傷後死在一座旅館裡。十六世紀義大利文藝復興影響了法國王室，宮廷建築師們開始嘗試著設計一些風格高雅的建築群。一六一二年亨利四世建造了浮日廣場，這是巴黎的首座廣場，四周環繞了古樸莊重的建築群，而這些建築內多半居住著王室貴族。至十七世紀，比武競技大會都在浮日廣場中央舉行。（G）

● 浮日廣場方方正正，長寬各為108公尺，四周由36棟紅白相間的磚石樓房團團圍住；每座樓房都有柱廊，整個建築群呈現對稱美感。廣場南側中間是為亨利四世設立的國王宮樓，相對國王宮樓的則是王后宮樓。雨果曾在這裡的6號樓房住過16年。

● 廣場四周樓房的柱廊則呈現另一番情趣，這裡是音樂家們施展才華的場所。他們在廊下演奏著靈妙的古典樂曲，吸引不少欣賞者駐足圍觀，也為整座廣場帶來了濃厚的藝術氣氛。處於這樣的環境，藝術家們與過客們皆陶醉在這樣一個心靈創造及感動的意境之中。

盧森堡公園　Jardin du Luxembourg

地址：Boulevard Saint-Michel 75006 Paris
交通路線：RER:Luxembourg 快鐵站
開放時間：4月至10月 7：30→21：00
　　　　　　11月至3月 8：15→17：00

　　盧森堡公園位於巴黎左岸，以八角形噴泉為中心，是巴黎市內最大、最有歷史性的公園。公園內以幾何形劃分開來，路易菲利普時代並沿著幾何形道路配置著眾多名人雕像。公園周邊有十七世紀以來的教堂、建築群，春夏之際這裡是市民與各國遊客最佳的日光浴場所。（P）

115

● 噴泉旁環繞著觀望池中帆船的兒童、相擁品味甜蜜濃情的情侶以及追憶過去的老人，一切影像映入池中漣漪。「她的夢浸浴在陽光裡，使陽光蒸發。」保羅‧埃呂阿爾這樣歌詠愛情的能量。一窪池水，含意無窮。

● 初秋時節，風候微涼，找個安靜地方，拿本書籍與友討論或獨自翻閱。經歷巴黎濕冷冬季，愈加喜歡薰暖夏天，溫和而不熾熱，人們從大自然獲得喜悅，從書本中汲取知識。

人文小檔案：噴泉

噴泉（La Fontaine）幾乎是所有西洋園林中的必備要素。早期的羅馬庭園都在中庭配置噴泉。近代庭園則結合地上湧現的泉水與意味深遠的雕像，提升遊園者情趣。盧森堡宮是例子之一，然而最動人的噴泉當屬凡爾塞宮讓人讚嘆的神奇水舞。泉水由地底噴出，因此也象徵死亡、來世、誕生、再生，此外也意涵真知、真理。造園思想與伊甸園思想相關，庭園被隱喻成樂園。相對於上帝製造的神聖伊甸樂園，庭園是人類透過以一己創造力所創造的人工樂園。園中噴泉意味著「青春之泉」（fons juventutis），本意是聖經伊甸園中的四條河川，它從神聖的中心湧現而流向四方，即使鶴髮老翁耽飲「青春之泉」都能回復少年活力。（P）

樹蔭下浮現神話場景，情愛方殷，天神動情俯身偷窺，1866年歐丹（Au. Ottin）為十六世紀的梅迪奇噴泉增添生氣。真情不分凡聖，池水兩旁擠滿遊客，爭相分享一瓢人間至情。

人們隨意在栗樹下找來一張鐵椅，三三兩兩群聚著閒聊。他們的話題可能是日常瑣事、人生大道理或是正在鼓動的哲學脈動。不少遊客駐足，默默凝視名人雕像，緩步離去。

王室宮殿花園　Palais Royal et Jardin du Palais Royal

地址：Place du Palais Royal 75001 Paris
交通路線：Palais Royal 地鐵站
開放地點：除花園外，建築物不對外開放

實用資訊

　　這座舊王宮格局類似今日的浮日廣場，時代不及該廣場悠久。十七世紀初期這裡是樞機主教李希留宅邸，花園則設計於一六三〇年代。國王路易十四在此度過一段童年歲月，十八世紀奧爾良（duc d'Orleans）成為攝政王時期，這裡變成歡樂、賭博場所。在大革命後，王宮成為賭場；一八一五年路易菲利普國王將其收歸國有。一八七一年巴黎公社之亂逃過被焚命運，一八七二至一八七六年重新修繕後成為國家諮議會。（P）

● 　面對皇家廣場的國家諮議會，如同路易十三世的李希留宰相時代，作為國家大政的協商機構，相較於前方羅浮宮的雄偉氣勢，雖不華麗卻藉由均衡與對稱展現了穩重的風格。

● 　四周斑駁高樓簇擁著法國式庭園，紅花綠葉使庭園躍現生機，這座庭園呈現了法式庭園的各種要素，譬如雕像、列樹、花草、噴泉等，然而卻也因此無法像浮日廣場般開闊。廣場一旁林立許多著名商店以及著名天才作家、詩人考克多的昔日居所。

● 參差不齊的黑白相隔石柱佈滿中庭。使用最單純色彩、最樸素的柱石，裝飾樸素無華的風味，無數柱石不斷地向上延伸，不斷地左右迴旋，支撐著天地。布宏（D.Buren）在1980年代創作了這組富有生命與旋律的石柱群。

人文小檔案 ：法國式庭園

十七世紀在法國由勒‧諾特爾（A.Le Nôtre, 1613-1700）所完成的整齊庭園，以凡爾賽宮廷為其典型。他將義大利庭園加以幾何形化，使宮殿與庭園構成庭園的主軸成為有機體。這種法國式庭園（Jardin à la française）的特色是，在平坦且廣大的用地上，以中心為主軸，其兩旁配置著諸如池水、噴泉、花壇、樹木等要素的對稱性幾何形圖形。這些園林的構成要素與配置方法在義大利庭園中已經採用過，然而法國式庭園卻不採用視覺上過度激烈的平台，而採外用地儘量採取大面積，在主建築的主軸延長線上，製造出視覺開放的中心軸。法國式庭園的特色是雄偉且節制並富有秩序。王室花園設計於法國式庭園成立之前，保有義大利庭園的風貌，相較於凡爾賽宮，則顯示出小巧的風韻。（P）

杜樂麗花園　Jardin des Tuileries

實用資訊

地址：Jardin des Tuileries 75001 Paris
交通路線：Tuileries、Concorde 地鐵站

杜樂麗花園毗鄰羅浮宮，連接著騎兵廣場和協和廣場。一五六三年王后凱薩琳

·德·梅迪奇買下此地修建園林宮殿；但卻在一五七二年王后聽信占星士預言後，又下令停止工程。二十二年後，亨利四世繼續凱薩琳王后未完成之業，一八五七年，杜樂麗宮與羅浮宮連接，形成一座宏偉的宮殿和博物館，直到一八七一年，杜樂麗宮因巴黎公社起義而遭焚毀。（G）

❧ 在杜樂麗花園中風姿綽約的人體雕塑均為法國藝術家馬約（Maillol，1861-1944）之作，1964年由其模特兒迪娜·維埃尼（Dina Vienny）捐獻給政府。文化部長馬爾羅決定將這24座雕塑陳列在杜樂麗花園，而迪娜·維埃尼則將其它作品收藏在馬約博物館。

❧ 曾與羅浮宮聯為一體的杜樂麗宮如今已成為一個虛幻的輝煌影像，沒有留下絲毫遺跡，卻留下莫大的歷史遺憾。悲劇已經久遠了，毀滅人類文化藝術瑰寶的時代一去不返，如今法國早已進入文明時代，人們創造發展著美好生活。

杜樂麗花園為十七世紀園林藝術風格，寬敞的大道、廣闊的平台、美麗的花壇和茂盛的大樹構成整體和諧的美景，一年四季吸引著無數的巴黎人前來造訪。漫步在林蔭之中，或倚坐在色彩斑斕的花壇旁，欣賞一座座神態逼真的雕塑，是一種心情的放鬆和享受。

秀蒙丘公園　Parc des Buttes-Chaumont

實用資訊

地址：Rue Manin 75019 Paris
交通路線：Botzaris 、 Buttes-Chaumont 地鐵站
開放時間：10月至4月 7:30 → 21:00
　　　　　　 5月至9月 7:00 → 22:00

秀蒙丘公園是巴黎東北方最大型的公園，建於一八六○年代，由垃圾場改建成休閒場所。整座公園代表拿破崙三世時代的園林思想，融合東方情調與西方田園牧歌，呈現出新穎風格。開放式大型公園代表了當時公園已經成為中產階級的休閒場所。（P）

秀蒙丘公園屬英國式庭園，集合大自然應有特質，湖泊、山丘、山麓等天然景觀、人工吊橋與羅馬式拱橋輝映奇趣。人造丘陵上的圓頂涼亭可眺望巴黎市北方市容。夏日時節，翠綠的山坡佈滿了享受大自然微風暖陽的遊客。

121

● 英國式庭園受中國園林思想影響，注重遊園者與大自然接觸的當下感受。產業革命的鋼鐵吊橋融合東方感受，賦予公園剛勁雄偉的風格，透露出拿破崙三世圖強振作的時代精神。

● 茂密林木與蜿蜒小徑依著地勢盤旋，一派東方庭園表現；寬敞的綠油油斜坡拉長景深，井然有序，卻又映現出拉丁民族對田園牧歌的憧憬。遊園者依勢徜徉，時而幽靜，時而舒暢，英國式庭園與法國式庭園巧妙合一。

凡仙森林　Bois de Vincennes

實用資訊

地址：Porte de Vincennes Dorée 75012 Paris
交通路線：Château de Vincennes、Porte de Charenton、Porte Dorée 地鐵站 RER: Fontenay-sous-Bois、Joinville快鐵站
開放時間：日出至黃昏

十一世紀時原為王室獵場，一八六〇年拿破崙三世時代改建成公園。這座公園與秀蒙丘公園一樣都是英國式園林，然而湖泊面積更大，湖邊涼亭、田園建築與遊船遠近成趣。森林中建有南傳佛教、西藏寺院，一到假日，中南半島移民便在該區擺設起食品、特產等露天攤販，呈現熱帶風情。（P）

凡仙森林最引人注目的是人造湖泊，遊船穿梭其中，環湖兩邊的各類樹種、花卉以及仿太湖石礁岩相襯，頗近東方園林思想，遊客安靜徜徉其間，品味湖光山色，宛如一幅生機躍動的人間樂土。十八、十九世紀後，神秘的大自然百態由低等被造物，轉變成可從中獲得樂趣的對象。近代園林成為人們對自然的憧憬對象，一沙成世界，一花映天堂，對大自然的禮讚、仰慕，誘發出近代的浪漫主義。

人文小檔案：英國式庭園

近代西方庭園大抵分成法國式庭園與英國式庭園。英國式庭園延續了義大利的庭園思想，然而格外尊重建築用地的特質，保護大樹、古木，運用自然形狀的池塘、不對稱道路以及起伏草地。這種庭園興起於十八世紀末期到十九世紀初期之間，當時正處德、英、法三國興起浪漫主義思潮的時代。人們開始將大自然賦予神聖意涵，使其變成具備生命的審美情趣之對象。特別是，當時從土中挖掘出的古代廢墟，也成為追憶歷史痕跡的人文影像，由此轉化成造園思想的一要素。傾毀的古羅馬、希臘建築或者古色古香的古代建築配置在不加雕琢的花草、樹木、礁岩中。參訪者行走園中，猶如置身自然風景裡，所以也稱之為「自然式庭園」、「風景式庭園」。這一庭園的目的是要讓人品味到遺世而獨立的崇高感受，日後並影響到法國、義大利。此外，一般人也認為英國式庭園受到十八世紀「中國品味」的影響。英國式園林就在浪漫主義興起後進入法國的文化當中。（P）

蒙索公園　Parc Monceau

實用資訊

地址：Boulevard de Coucelle 75017
　　　Paris
交通路線：Monceau 地鐵站
開放時間：每日7：00→21：00
　　　　　十月到三月7：00→20：00

　　一七七八年夏特公爵（Duc de Chartres）仿造當年盛行的英國式庭園建造而成。公園幾經易手，一八五二年正式成為國家財產，其中一半被拍賣為建築用地，其餘九公頃則闢成開放式公園。設計師是設計凡仙公園、布隆森林的阿爾封（A.Alphand）。往昔景物已不復見，僅剩由科林多列柱所環繞的諾馬榭（naumachie）池、金字塔、夏特亭（Pavillon de Chartres）以及十八世紀建造的通行徵稅處。（P）

● 巨風肆虐，百年老樹摧折倒地，在它根上正傳出悅耳聲響，好似喃喃燕語，忽遠忽近。幼童不識惆悵苦悶，唱頌園中故人的詩歌。詩人至愛透過紅潤口唇的蠕動，在春天飛揚。文化薪傳，絲縷不盡。

● 紫羅蘭鋪滿大地，早春如畫。園裡沒有政治名人雕像，聳立園中的只有播撒文明種子的人文思想家、藝術家，在他們面前一切私欲都是枉然。正似花香、紫綠，每年不忘齊放妝點，昭告無限生命的本懷。來到此地，當作如是觀。

作家莫泊桑（G.de Maupassant）的素白雕像建於一八九七年。他力主將現實、完整、切實與真實影像行諸文字，足稱世紀末「美好時代」的見證者。無論時代巨輪如何翻轉，其偉大的文思情懷將長存人間；園中雕像刻畫莫泊桑苦思憂鬱的容顏入神而感人。

英國式庭園常以古代廢墟發思古幽情。蒙索公園的環池列柱遺跡，已成近代遺跡的典型，柳條盈盈飄盪，半掩傾毀的希臘列柱、文藝復興拱門。賭物思情，歲月流逝，令人心生悠然惆悵之情。

實用資訊

交通路線：Abesses 地鐵站
達利藝術空間
Espace Montmartre Salvador Dali
地址：11 Rue Poulbot 75018 Paris
開放時間：每日 10：00 → 18：00
蒙馬特博物館　Musée de Montmartre
地址：12 Rue Cortot 75018 Paris
開放時間：週二到週日 11：00 → 18：00

蒙馬特位於巴黎北邊山岡，為紀念二五〇年殉教者曾被稱為「殉教者山岡」（mons martyium）。山岡上下，散佈著酒廊、咖啡廳、藝術村、煎餅磨坊、畫家達利藝術空間、蒙馬特博物館以及聖心堂等重要建築。十九世紀的「美好時代」(Belle Epoque) 起藝術家們在此發揮豐富的想像力，開啟了現代藝術的先河。物換星移，今天，年輕藝術家多數已遷往東北的美麗城（Belleville）了。（P）

● 恍如嘉年盛典，各國遊客來此享受巴黎的藝術活力。天才的靈感降臨刷刷晃動的彩筆，無分老少，筆下見真章。從無到有，容顏浮現畫布的剎那，似乎正為生命的未來許下一個再生諾言。

● 百年來多少才子在此流連徘徊，無數畫家在此捕捉變化不拘的心中影像。因為前人的豐富創造力才值得來此憑弔，嘉筵杯觴，氣氛悠閒，而創造的脈動就在言談中緩緩展開。

● 樸實無華的外觀歷經三百餘年歲月的沖刷，十九世紀末成為群聚此地的畫家工作室。尤特里羅（Utrillo）的憂愁彩筆道盡蒙馬特的繁華盛況，天才的巧思捕捉到一次大戰前的脆弱繁榮。

● 達利藝術空間展示這位二十世紀藝術奇才的330件作品。超現實主義表現出人類心底的莫名潛意識、再現童年的奇妙唐突世界。因為達利精采的描繪，我們也情不自禁地受其牽動想再重溫一次美夢、再追憶一次失落的奇幻童年。

維雷特公園　Parc de Villette

實用資訊

地址：30 Av. Corentin - Cariou 75019 Paris
交通路線：Porte de la Villette、Porte de Pantin 地鐵站
開放時間：週二到週日 10：00 → 18：00

　　這是座現代化的公園，園區包含全歐洲最大的科學工業城、音樂城，此外兒童遊樂場也是園區的特色。這裡本是巴黎東北部的屠宰場與家畜市場。設計者在不拆毀原有建築前提下，建造了廣達五十五公頃公園。新潮的建築群散置在繁茂的草皮中，運河直切穿過，遊輪定期航行，增添生氣。這裡是法國現代建築與公園結合的典範，一到假日人潮擠滿整座公園。（P）

● 大地是藝術品的母親，智慧在此萌芽。巨大車輪埋入草坪，我們恍如《格列佛遊記》裡的小人，當幻想在腦中閃動的瞬間，宇宙驟然延伸，飽經世故的成年人藉此重溫夢幻綺麗的童年歲月。

● 暖陽照亮綠色，微風輕撫樹林，沙沙作聲。仰臥草地，眺望翻騰變動的浮雲，遐想無盡。遊客面露平和表情，似乎告訴我們：「啊！不再奢求，幸福接受了我的生命。」阿杜爾·藍波詩句頗動人心。

● 兒童的笑容宛如天使臉龐，笑聲狀似乳燕試啼。任何年齡層都能發乎赤子之情，欣賞他們的夢想世界，尊重他們的想法。這裡的設施尤為新穎，基於博愛精神，不分國別，不計膚色，都能共享其樂。

● 假日時節，園中展開各式音樂表演，將喜悅分享給悠閒的大眾。已屆高齡尚且不落人後，反覆敲打鍾鍊並不亞於靈敏青年，奏出躍動鼓樂。整座公園，處處樂聲、歡樂聲，湧現源源不盡的生命力。

● 赤紅的建築群佇立綠意盎然的草皮上。席坐地上、放鬆精神，天南地北的閒聊，話題猶如片片黃葉，飄落地上，別有一方灑脫感。無形話語化成具象葉片自然點綴大地。享受陽光也享受了無盡友情與親情。法國式庭園的人性平和可由寬廣的對話空間獲得印證。

熱歌勁舞也是這裡的特色,每到假日從各地湧入無數年輕人,音樂、喧囂遠近可聞。人們扭動全身,散發熱力,激情達到極點。中東、非洲民族的歌舞天份常常是這裡的目光焦點。藝術世界沒有國度,心靈的高度自由之中泯滅種族隔閡,一切平等。

人文小檔案:遊戲與庭園

庭園與遊戲成為高雅風尚的遊戲場所。在人類文化發展過程中遊戲心理成為審美意識的重要一環。審美領域十分廣泛,可以包含宗教、音樂、繪畫、雕刻等廣大領域。然而所謂「無心」卻是審美藝術的共通根源,就這一點而言,遊戲心理與藝術心理幾乎很難分辨。人類透過遊戲散發內在生命力。就文化的發展而言,「遊戲」可以豐富文化,提昇其品質與內涵。荷蘭文化史家霍伊勤加(J.Huizinga)甚而認為遊戲比文化還要久遠。從遠古壁畫中可以發現遊戲場面往往與宗教慶典上活動緊密相關,祭典上裝扮太陽王顯現的巫師,就另一種層面而言,也是一種遊戲心理的宗教變形。隨著文化的多元與複雜化,遊戲幾乎緊密與文化結合為一。歐洲庭園建造的目的即為提供遊戲所需,早期的拉丁園林,到以後英國式庭園的興起都是基於遊戲品味而採取不同造園思想。當我們漫步在庭園時,似乎不覺得自己處於遊戲狀態,其實我們正享受著造園者所關設的樂園,不知不覺中滿足到西方宗教原型的伊甸園的生命歸宿感。虛無的樂園難在,只有在遊戲心理下的樂園可以彌補我們深層心理的無盡渴望。(P)

室外演奏

在地鐵行駛的途中,車廂裡偶有二、三位樂手演奏他們拿手的樂曲,帶來了一股輕鬆愉快的氣氛。曲目多為大眾所熟悉的歌曲或舞曲。而多半在曲目終了了,樂手便會彬彬有禮地請車廂裡的聽眾嘉賞一些小費,鼓勵他們賣力的表演。(G)

❶ 這是一個群情激動的場面，演奏者和駐足圍觀欣賞的聽眾共同沉浸在樂曲的旋律之中。過往的旅客和樂隊的演奏者在短短幾分鐘之內因音樂而交心共鳴了。這樣的情景在巴黎幾個大型地下交通樞紐中常常出現。（G）

❷ 在教堂外寬闊的平台上演奏管樂，如同在室內劇場的舞台上面對著座無虛席的觀眾。音樂來自藝術家自由自在的心靈，超越時空，馳騁在廣闊的天地之間，樂音流瀉著，聽眾與演奏者共享著音樂帶來的無限想像意境。（G）

古今對話
傳統與創新

柯比意基金會、法國國家廣播電台、勒阿磊商場、龐畢度藝術文化中心、拉德芳斯區、塞納河前方區、羅浮宮金字塔、巴士底歌劇院、維雷特區、密特朗國家圖書館

前言：傳統與創新

「人類是社會性的動物。世上絕對找不到生活理想完全孤立的個人。」（L'évolution des villes,1895）埃利塞‧雷克魯（E.Reclus）基於集體性探討都市文明發展的種種要素。因此，人們因為與生具有的群聚本質，必然也就必須對於生活所需的城市詳加擘劃。人類文明的發展基於存在的需要，於是城市的實質意涵也就不斷轉變。

巴黎這座擁有兩千年歷史的老城，隨著歷史發展不斷展現新生命，創新的腳印點點滴滴地留在每一角落。即使處於天翻地覆的法國大革命，代表傳統保守勢力的教堂建築受到無情打擊，然而不到十年光景，市民們從激情中甦醒起來，開始對受到摧毀的建築加以整修，使法蘭西的都市文明得以不被毀於一旦。處於任何變動之際，法蘭西文明薪火相傳的強烈意圖依然存在。

巴黎市容展現出高度統一性與歷史發展的完整度。時間的延伸並沒有使巴黎市容顯得雜踏擁擠，她就像日月星辰的週行運轉，絲毫沒有逾越應有軌跡。到底什麼原因讓巴黎這樣地依循既有法則前進呢？我們必須要瞭解兩點事實。第一是城市發展過程中無形的審美感受。第二是城市發展過程有形的法律條文。

第一點事實是法蘭西審美品味與都市發展緊密相合。根據法國考古學所呈現的兩千年前遺跡顯示，巴黎遠在羅馬時代就以西堤島為中心向南發展出條理井然的城市規模。經歷漫長歲月，法蘭西文明接觸到義大利文藝的豐碩成果後，馬上以高度熱忱加以引進，甚而從政治聯婚進一步落實文化政策。十七世紀法蘭西學院、皇家繪畫雕刻學院的成立，開始了國家對於藝術人文的系統性經營。首先是王宮的裝飾整建，引導了貴族、市民品味向上提升。譬如凡爾賽宮庭園已經脫離了義大利庭園的幾何學概念，將主體宮殿放置於主軸產生了氣象宏偉的法國式庭園。法蘭西文明以揉合感性與理性的高度企圖心，將承襲自義大利與佛朗德爾的風格轉化成端莊穩重的精神。於是，數理的幾何學美感就落實在巴黎的都市建設上，建築物在整個巴黎市中以相互呼應構成幾何形構圖，每條街道的建築物之間構成完美的對稱關係，大街的盡頭皆以造型端莊而宏偉的建築捕捉住視點，使視點迴旋於街道當中。類似這種細膩而精妙的構思往往處處可尋。

第二點事實是，都市建設與嚴密法令構成一體。法國都市的創新發展以嚴格法律為基礎。十九世紀中葉以後，奧斯曼男爵（G.-E.baron Haussmann）對於巴黎市的徹底翻新，奠立起了現今巴黎城市的規模。一百餘年來，這種都市計畫的法律依然徹底而嚴格地執行。街道寬度與建築高度的比例，建築物與建築物之間的整體和諧的關係等等外觀之變更、改建受到嚴格管制。法國人以自由、浪漫而聞名，然而如果沒有高度的法律基礎，我們眼前所看

到的巴黎市容將會是擁擠而雜亂的地區性小城而非國際大都會。法律精神是人性需求的制約機制，這種精神為巴黎奠定了可長可久的發展模式。

法蘭西民族樂於挑戰未知世界。然而，他們並非一股盲動，打破既有規範，而是從規範中找出挑戰未知世界的原理原則。這樣的發展就如同他們在哥德式教堂的高聳尖塔一般，依據數理不斷加以增高，挑戰無窮的未知數。因此，當法國因為人性發展與制度不均產生大革命時，僅僅經歷短短十年的動盪就讓法蘭西民族脫胎換骨，為國家發展找到法律與人性的依據，這一點正是拿破崙法典對於巴黎都市文明的重要貢獻。權利與義務的有效規範，正是為巴黎都市文明的創新找到法律基礎。

創新不斷與時遞增。巴黎的創新並不是我們尋常所說的「老幹新枝」，而是藉由豐富的土壤，盤根錯結的旺盛生命力，不斷向外蔓延茁壯。凡爾賽宮庭、羅浮宮的宏偉建築在當時的歐洲可以說是首屈一指。法國人基於創新精神，依然不斷更新，譬如艾菲爾鐵塔所代表的鋼鐵文明的技術成果象徵法國十九世紀末領先世界的技術成果。聖心堂的高聳教堂繁榮了十九世紀末的美好時代，夏佑宮呈現第一次世界大戰後裝飾藝術的時代精神。即使抗爭不斷，巴黎依然建立起彷如煉油廠的龐畢度藝術文化中心，更大膽的嘗試則是在擁有四百年歷史的羅浮宮前建立鋼鐵玻璃的金字塔。現在，創新的腳步則走到拉德芳斯區、維雷特公園區。一連串翻新的建築

並沒有使巴黎脫序，而是不斷豐富她的內涵，一再對於她的各種可塑性進行探索。

傳統的廣度與厚度具備了創新的條件，不可或缺的是開闊胸襟，只有兩種兼備才能使得創新具備時代精神。古人說：「化作春泥更護花」，文化的創新正是這種生生不息的生命力所促成，如果沒有這種對於既有文化的依戀，就不會有豐富文化的熱情，也就不具備創新的意涵。

里爾克（R.Rilke）詩歌裡提到：「我們所尋索的，也許更可依、更可賴，溫情的依戀。這一邊，都是距離，另一邊，都是呼吸。」（程抱一譯《杜英諾悲歌》）里爾克的這首悲歌雖然議論「生死」，其實是將生命賦予無窮盡的可能性。這樣的意涵蘊藏著龐大難測的創造性。如果我們將文化視為有機性生命的話，那麼就將如同程抱一教授對於里爾克的理解：「生命不是既定的、重複的現象，而是大可能、大變化、大形成，生命的無形的另一面是精神吸收了有形世界的精華之後的另一種存在。」（《和亞丁談里爾克》）

創新既非既定也非重複，而是心靈的無盡躍動，時代的向前阻止不了創造力的界限。傳統提供人們創新的資糧，創新則豐富傳統的內涵，創新與傳統永遠毫不矛盾地以高度和諧展現在巴黎市內。我們來到巴黎時，終將感受到這股蓬勃的活力正流佈在大街小巷。（P）

柯比意基金會　Fondation Le Corbusier

實用資訊

地址：55 rue du Docteur Blanche 75016
　　　Paris
交通路線：Jasmis 地鐵站
開放時間：週一到週四 10：00 → 12：30；
　　　　　13：30 → 18：00
　　　　　週五 10：00 → 17：00

二十世紀建築大師柯比意（Ch.
Edouard Jeanneret, 亦即 Le Corbusier）為藝
術贊助者拉羅什（La Roche）建造這座別
墅。從一九六八年起，根據建築師本人的
生前意願，將讓內特與拉羅什別墅成立為
「柯比意基金會」，對外開放。這一基金
會保存了柯比意本人的建築設計圖、草
圖、手稿、雕塑、油畫以及攝影等。（P）

● 白袍隱士側身幽林中，潔白清爽，優雅出塵，是這座二
十世紀初期的建築特色。新藝術的復古風格沒有讓設計師在
它身上留下任何雕琢痕跡，簡單勻稱就足以名留千古了。

● 光線使得室內充滿生機。
直線構成室內主調，纖細線條
營造出抽象效果。弧形樓梯沿
著弧形壁面微緩伸展，為免樓
梯的阻礙，窗戶上升自天花
板，與上層構成統一線條。光
與線是這座建築最優美的特
色。

● 「拉羅什！當人們擁有像你這樣美麗收藏品時，就必須蓋棟與此相符的房子。」「好！請為我蓋這種房子！」一位自學成家的建築師與收藏家之間的相互信賴才為我們留下這座美好建築。建築内互通的迴廊與遍佈的窗戶，引進陽光，帶動潮流。

人文小檔案：柯比意

柯比意（Le Corbusier, 1887-1965）是瑞士出身的法國建築家、畫家、設計師。他在故鄉學習時鐘雕刻，除了短期間事師建築師貝勒、貝連斯之外，自學成材。1917年起開始在巴黎定居，並在《新精神》（L'Esprit nouveau）雜誌中主張純粹主義（Purisme），繪畫風格則是立體派。他在1925年巴黎的「現代裝飾・產業美術博覽會」中，以住宅形式建築「新精神館」而聞名。之後，他以國際聯盟總部建築案（1927）揚名國際。他在巴黎大學城瑞士館、巴黎救世軍館邸的建築中，完成當代最高建築的創舉。1947年他參與紐約聯合國大廈的建築計畫，並於麻塞諸賽州的「集體住宅」（Unité d'Habitation, 1947-1952）完成了他長年來構思的集體住宅，以及提出「黃金尺」（Modulor, 1951）的比例理論。他是近代建築國際會議（CIAN）會員、近代建築理論指導者，並且是柱腳（pilotis）、「遮陽」（brise-soleil）建築的最大普及者。著有《建築之道》（Ver une architecture, 1922）、《都市計畫》（Urbanisme, 1924）。（P）

法國國家廣播電台　Radio France

地址：116 Avenue du Président-Kennedy 75016 Paris
交通路線：Ranelagh 地鐵站
開放時間：博物館 週一到週六 10：30 → 11：30；14：30 → 15：30

實用資訊

● 戰後復興建設由象徵「法國聲音」的這棟嶄新建築開始。出自古代圓形劇場的理念，以簡單形狀與現代化素材，呈高低互異的同心圓圍繞，其建築猶如昂然聳立劇場中央的歌唱者，風格平和而莊重。

● 從最原始的兩人互通情感開始，發展到最先進、最多樣的傳播方式。具生命的肉體轉化成巍峨獨立的中央塔樓，生氣盎然地面對面溝通蛻變成均質化的傳播工具，包容、豐富使得這座巨大建築超出視覺意涵。

　　法國國家廣播電視台位於巴黎西邊的塞納河右岸，建造於一九五○年，至一九六三年完成，是戰後最早建造的現代化建築。此棟建築佔地兩公頃，為法國最大單一建築，外部直徑有一百七十五公尺，播放塔高七十五公尺，整棟建築由三個同心圓所組成，可容納二千五百位工作人員，擁有六十間廣播錄音室，一座電視攝影棚以及上千間辦公室。中間塔樓設有廣播電台博物館，陳設有法國電視通訊發展史特展。（P）

勒阿磊商場　Forum des Halles

實用資訊　**交通路線**：Les Halles 地鐵站
　　　　　　RER：Chêtelet-Les-Halles 快鐵站

　　一一八三年起勒阿磊商場成為巴黎蔬果、魚肉批發中心。因為七○年代過度擁擠、於是經由一翻拆除整建，勒阿磊商場成為目前巴黎第一區最大型的綜合商場，佔地七公頃，地下二、三層是各式商店。平面樓則是花園、藤架、亭榭以及流水，凹形玻璃建築環繞四面，宛如迷宮，設有藝術館（Pavillon des Arts）、詩歌之家（Maison de la Poésie）等現代藝術與詩學中心。勒阿磊地鐵線是巴黎最繁忙的地鐵區。（P）

● 現代商場建築，玻璃、鋼架複合外觀。玻璃迴廊，流線造型的整體性十分強烈。為了與聖厄斯塔許教堂協調，於是活用地下建築與地上花園；升出地面建築以抽象化棕櫚樹鋼材，環繞商場四周，形成極富韻律統一感的外觀。

● 商場鄰近雄偉古老的聖厄斯塔許教堂。高聳釉黑的哥德式建築與現代化商場成為鮮明對比。規律的鋼鐵弧度喚起哥德式建築的飛扶壁聯想，獲致協調統一，綠樹掩映區隔，使時空轉換更為自然。

● 中庭擺設雕刻家朱利奧‧希爾瓦（Julio Silva）的〈匹克馬梁〉（Pygmalio）。古希臘雕刻家匹克馬梁以巧技與真誠將冰冷的美女雕像化成活生生肉體，一切猶如夢幻。超現實手法與現代抽象建築合而為一，堪稱傳統神話的創新。

龐畢度藝術文化中心　Centre d'Art et Culture Georges Pompidou

實用資訊

地址：Place Georges Pompidou 75004 Paris

交通路線：Rambuteau、Châtelet、Les Halles、Hôtel de Ville 地鐵站

開放時間：週一、週三至週日 11：00 → 22：00

週二休館

一九七七年在巴黎舊市區中心突然樹立起這棟令巴黎人驚異的建築，奇特的鋼管建築使世人對這座中心產生奇妙的心理反應。評論家認為這棟建築宛如一座煉鋼場，在巴黎這座老城，呈現創新與傳統之間的矛盾；雖然如此，巴黎五、六十年的藝術卻藉由龐畢度藝術文化中心的大膽創意而向前跨了一大步。（P）

● 層層電梯藉由圓形的輸送管往上推送，人們被吞噬了，然後從裡面再次出現，進出之間，觀賞者卻已飽嚐了當代藝術饗宴。原本為內部建築一環的電梯成為動感的有機物，這樣的設計在當時體現了高度的創意。

● 鋼管亮度與玻璃透明度閃爍著光亮，整體的生命力因為來自天空的光線而與大自然結合了。將自己內部剖析，陳列在世人眼前的氣魄，卻也是存在主義之後藉由強調科學性結構主義思潮的時代見證。

拉德芳斯區 La Défense

實用資訊

地址：La Grande Arche
交通路線：La Défense 地鐵站
　　　　　RER：La Défense 快鐵站

　　拉德芳斯商區位於巴黎西郊，開始規劃建造於一九五八年，是歐洲最大的摩天大樓商業區，現在為法國大公司總部所在地。從大拱門可以眺望整個巴黎街景。巴黎的都市發展以直線為主軸，羅浮宮、杜樂麗庭園、香榭麗舍大道的凱旋門全連成一線。大拱門屬於前總統密特朗的「大建設」之一環，展現出法國進入二十一世紀的企圖心。（P）

● 左右對稱相互環抱的辦公大樓，如同被劈開的水晶，向著左右炸裂開來，然而四周窗戶依著固有節奏左右轉動，以舒緩的氣息包裹起迸裂的震撼力，產生綿延不絕的高度動感，婉約中具備雄渾的氣勢。

● 幾何形的切割，透光玻璃與綠色玻璃構成翠玉般的視覺效果。面對白色的國家工業技術中心的這棟百貨公司造型穩重且富變化，色彩活潑，如同一對著白色新娘展現瀟灑風度的翩翩紳士。

● 弧形建築前湧現數層樓高的一拇指造型，無窮延伸的地面空間提供了頂天的衝力。拉德芳斯區的各式建築物風格迥異，卻依著周遭的視覺產生著高度和諧的美感。每座建築物並非單一個體，而是區內不可或缺的一環，如同這座雕塑。

● 法國國家工業技術中心（Palais du CNIT）是拉德芳斯區最早的建築。白色的流線型拱頂，使人聯想起哥德式穹窿。素雅輕巧，玻璃的採光恰似無裝飾性的教堂彩繪玻璃，即使建築技術如何進步，也都得從文化的豐富涵養中汲取滋養創造發展。

塞納河前方區　Fonde la Seine

實用資訊

交通路線：Pont Mirabeau
地鐵站

　　此區位於巴黎第十五區，面臨塞納河右岸，與法國國家廣播電台隔岸相對，構成視覺奇特而感人的區域。整區建築新穎，大體建於一九七〇年代到一九九〇年代，建築材料互異，造型絕無雷同，可以說是法國現代高層建築的綜合試煉之所。（P）

● 巨大建築以鑽石切割手法呈現眼前。路面景致藉由反光與切割面溝通。安靜的建築物藉由不斷流動的車輛，產生生生不息的生命力。建築師的創新將生冷的街道映射到向上伸展的建築物上面。

● 玻璃與塊面重複性地出現造成不斷迴旋的動感，使整個區域巧妙產生呼應。造型各異的現代化技術文明，藉由統一、對稱獲致整體的和諧感，展現出優雅莊重的法蘭西美學特質。細膩的紅色建築如同蜂窩般層層交疊，呈現出秀麗的美感。相較於此，左手邊的建築則是橫向的迴旋動感，一強一弱，一動一靜，形成節奏性十足的效果。這兩座建築狀似巴洛克風味，卻緊湊寬鬆合一。

142

● 天鵝島左側湧現當代建築師的視覺饗宴。出了巴黎市中心的古老文明區法蘭西綿延不絕的創造力在此迸現。造型互異，相映成趣，統一感十分強烈。陽光下當代美感在此散發出無數耀眼光芒。

羅浮宮金字塔　Pyramide du Musée du Louvre

實用資訊

地址：Palais - Royal 75008 Paris
交通路線：Palais - Royal、Louvre Rivoli 地鐵站

　　華裔建築師貝聿銘設計的金字塔，為羅浮宮這個古老的宮殿和博物館帶來生機勃勃的新生蛻變。古代和現代之間的距離突然拉近了，金字塔的入口，銜接新舊建築，透過精細高級材料組合而成的玻璃金字塔，看到了古代建築藝術家們創建羅浮宮的歷史全貌，也走進了羅浮宮內豐富的典藏世界。金字塔接待廳便利了參觀的人們，顯示出它的實際應用功能。如今，金字塔和羅浮宮已融為一體。（G）

● 這個倒金字塔好像是羅浮宮主要入口處金字塔在地下空間的一個倒影，將自然光源充分引入地下。而在博物館和停車場之間商業大廳的交通要道，由於這個倒金字塔的設計，也延伸了拿破崙廳的作用及空間，使匆匆往的人們感到一種豁然開朗的舒暢。

● 伴隨著羅浮宮金字塔的是沖天噴湧的泉水，細密水珠匯聚成潔白高大的水柱，一股接一股地向空中拋灑去。無論是現代金字塔建築，還是古代羅浮宮藝術宮殿，都汲取了噴泉這一股生生不息的靈性和活力，散發著無窮的魅力。

● 走進主要入口處的金字塔內，透過玻璃看著羅浮宮的雄偉莊重，領會到金字塔的設計風格。這座歷盡滄桑的古代建築在金字塔的襯托之下更加顯現出無比旺盛的生命力，日復一日、年復一年地迎接著來自世界各地無數慕名而來的仰慕者。

巴士底歌劇院　Opéra Bastille

實用資訊
地址：120 Rue de Lyon 75012 Paris
交通路線：Bastille 地鐵站

這座歌劇院坐落於昔日引發法國大革命的巴士底監獄所在，面對七月柱，是歐洲最現代化的歌劇院，許多前衛的歌劇表演在此演出。一九八九年法國革命兩百週年紀念，巴士底歌劇院舉行揭幕儀式，開啟了法國歌劇院的嶄新一頁。設計者加爾羅・奧特（Carlos Ott），採用現代素材，最尖端設施，創造了一個可容納兩千七百位觀眾，同時上演五個不同戲目的表演空間。（P）

● 圓弧形的建築造型，四方形花崗石與玻璃構成，使整座歌劇院表現出新穎、含蓄的節奏感。雖然不同於加尼葉歌劇院的新古典主義風格，卻不偏離古希臘、羅馬圓形劇場的基本要素。

● 圓形的廣場匯集巴黎的重要街道，七月柱聳立中心，圓形歌劇院側立一旁。古老廣場邊，矗立著歐洲最現代化劇場，使人直覺到創新並不侷限於時間、空間，偉大的原創性誕生於始，隨即成為流行，不久又變成古典了。

維雷特區　Parc de Villette

實用資訊

地址：30 Av. Corentin-Cariou 75019 Paris
交通路線：Porte de la Villette 、Porte de Pantin 地鐵站

維雷特公園將傳統、現代建築融合在一起，是巴黎北邊最大的一片綠地。中央的屠宰場是十九世紀末鋼鐵建築的產物，設計者在並不破壞主建築的條件下，讓整座園區融合了舊式建築，構成新舊交雜的奇特景觀。園區內有展示大廳、兒童公園、音樂城、巴黎音樂舞蹈學院、科學工業城、全天幕電影院、科學工業城以及專供流行音樂所需的頂點中心。在這座園區內藉由長廊、紅色幾何鋼鐵建築連結成有機體。（P）

● 這裡是現代科技中心，蘊藏著當代科技的精髓。夜間的藍色燈光與水波的反射形成神秘而夢幻的氣氛。前方全天幕電影院由水光下湧現的聲響宛如回聲一般，奏出天體的奇妙韻律。

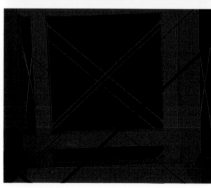

● 這座現代化庭園運用了大量原色，諸如白色、紅色、藍色，色彩的單純與造形的直線效果是這座園區的主調。紅色鋼鐵在夜裡，相襯燈光與虛空的黑夜，產生了白色、紅色、黑色的有趣畫面。遊者只要處處留意即可窺見設計師的巧思。

● 羅馬議事廳的原型藉由鋼鐵構造展現出宏偉的外觀。現代的鋼鐵雕塑，以簡練線條向上拋出，構成強烈動感。穩定性建築與動感的雕塑具備統一感，屠宰場與家畜場已經變成傳統與現代結合的大熔爐了。

● 幾何形的明晰理性代表了現代工業精神。公園與運河的流動性組成現代化庭園，相較於法國式庭園的主軸，自由利用地形產生了另一種趣味。神秘的紅色線條在夜裡順著河畔，消失在黑夜裡。

● 素白的長廊如同波浪般上下擺動，一到夜晚，燈光的投射使長廊呈現動態的螺旋狀翻轉。長廊與展示大廳之間藉由燈光的呼應，成為直線與躍動的對比。建築物已經不再是白天裡的世界影像，而是日夜翻騰生命體。

密特朗國家圖書館　Bibliothèque Nationale de France

地址：Site Francois-Mitterrand
　　　 Quai Francois-Mauriac 75013 Paris
交通路線：Bibliothèque Francois Mitterrand
　　　 地鐵站
開放時間：週二至週六 10：00→20：00；
　　　 週日 12：00→19：00
　　　 週一及國定公休假期休館

　　法國圖書館歷史是從一三六八年查理五世在羅浮宮設置的皇家書庫開始的，那時的藏書僅有九百三十七部手抄本。如今，法國國家密特朗圖書館是世界面積最大、管理最先進、藏書最豐富的圖書館之一。這座圖書館是密特朗總統任期中的最後的一個工程，由建築師貝魯爾（D. Perrault）設計，一九九六年底由希拉克總統親自主持開幕儀式，正式開放給大眾使用。（G）

這四部展開的「大書」是四座各為80公尺高的22層大廈，頂天立地，相互關聯，展現法國圖書館進入二十一世紀的宏圖。而塞納河畔這座沒有「牆」、沒有圍欄、也沒有界限的建築群，則以其開放多元的視角，迎接所有前來求知的人們。

兩條往返的電梯傳送帶將讀者迎送入出口，大廳之間以室內走廊連接。總面積達 35 萬平方公尺，分為閱覽室、展覽廳、藏書庫、行政辦公室等，以及通訊中心、書店、咖啡廳等設施，並有專為研究人員設立的工作室，整座圖書館充滿現代學術氣氛。

圍繞中心花園的是面積4萬平方公尺，分門別類的閱覽室，以木板和金屬線裝飾。花園裡僅有樹木，沒有花草，彷彿巴黎郊區森林清靜的一角。而鋪展紅地毯的玻璃長廊展現有如修道院迴廊般脫塵超俗的氣氛，營造出一個恬靜的讀書環境。

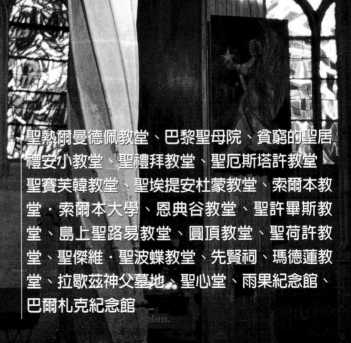

終極關懷
教堂、墓地與文人紀念館

聖熱爾曼德佩教堂、巴黎聖母院、貧窮的聖居禮安小教堂、聖禮拜教堂、聖厄斯塔許教堂聖賽芙韓教堂、聖埃提安杜蒙教堂、索爾本教堂‧索爾本大學、恩典谷教堂、聖許畢斯教堂、島上聖路易教堂、圓頂教堂、聖荷許教堂、聖傑維‧聖波蝶教堂、先賢祠、瑪德蓮教堂、拉歇茲神父墓地、聖心堂、雨果紀念館、巴爾札克紀念館

前言：生命的意義與
靈魂的歸屬

當代博學的宗教學者伊利亞德（M. Eliade）在《宗教辭典》（Dictionnaire des religions）中說：「人類的任何行為都具備意義，欠缺意義的行為並不存在。……所有的葬禮習俗也都必然與此信仰相對應。……（譬如這種觀念的意味是新的存在，是意味著來世存續的「植物的」命運，是復活等等。）」

史前人類的埋葬儀式象徵著他們對於生命歸屬的認知，這種認知隨著文明的進步而漸次改變。狩獵時代，人類的命運與獵物的命運密切關連，隨著農耕時代的到來，生活規律與宗教信仰起了根本的變化。農耕時代，原始人從植物中發現生命的連帶對象，女性被比喻為孕育植物的大地，懷孕象徵著種子所隱藏著的生命與再生。於是大地成為孕育天地萬物的女神。女性月經週期與月亮、潮汐、植物、季節等自然界的所有週期相關連。從這種史前人類對於自然的聯想產生了舊石器時代臀部肥大的大地女神雕像。

法國史學家米謝勒（J.Michelet）在《魔女》中（La sorcière）提到：「自然這種古代的普遍之神已經死亡。」其實，米謝勒指出自然並沒有死亡，而是經歷了各種時間而變容，古代的眾神不斷地死去，不斷地以某種形式復活。由此可知，宗教是人類隨著文明的發展，將外在世界的大自然對象與自己內在的情感加以相對應，產生

了宗教情感。進一步說，宗教就是人類情感中對於自身終極關懷的產物，並且是自然而然的必然產物。當人類心底試圖對生命的最終歸屬加以認知、判斷時，宗教情操就已經隱然形成。

就人類文明發展史而言，物質文明不斷向前，對於大自然的解讀就不斷翻新，宗教情感的意涵也就不斷變化，隨之生命的價值觀也就愈加多樣化。某位宗教學者說：科學向前一步，宗教就倒退一步。相反地，改變二十世紀科學觀的偉大科學家愛因斯坦卻說：奇哉！上帝存在於無窮盡的宇宙萬物背後。因此，宗教情操與宗教認知，往往是文化共相下個體且普遍的體驗，由此個體體驗產生尋求相互認同的集體情感，由此情感構成宗教社團。然而就文化角度而言，宗教現象正是文化現象中的普遍人類心靈顯性或隱性的投射。

古代希臘詩人的殘篇中提到：如果馬也能描繪對象，牠們的上帝也是馬的臉孔。希臘詩人以其睿智洞悉了宗教認知與心靈的相互關係，亦即，個體心靈基於世界表象，描繪出最高神祇的影像。因為認知千差萬別，於是對於生命終極關懷的認知也就無法計數。藉由無法計數的心靈百態，衍生出無法計數的生命價值觀。隨著時間的推移，人類以最根源性的情感認知自然萬物，由圖騰信仰漸次產生超形象的理念信仰，信仰與價值觀產生互動，終於形成了豐富多彩的文化百態。

盧梭（J.J.Rousseau）在《孤獨散步者的夢想》（Les rêveries du promeneur solitaire）裡抒發孤獨者的惆悵：「除了我之外，不再有兄弟、鄰人、朋友以及社

會，地上只有我一人。」熱情思想家、作家盧梭在晚年的孤獨歲月裡，陷入被迫害情結的深淵。他的心底，自身與社會互成對立的疑團。自己從社會的大環節中解離開來，成為社會的「他者」（autre），社會運作中他已然「不在場」（alibi）了。其實，他的「不在場」早在一七五〇年第戎學院的獲獎文章《學問與藝術之論說》（Discours sur les sciences et les arts）中，就表明回歸古代的論點。這種論點也是一種時代的「不在場」。正因為他以「他者」的身份，使他對於當時法蘭西社會提出新的看法。真誠地生活，尊嚴地生存是這位思想家的信條，這一點只要一讀《告白》（Les confessions）也就能夠清楚了。一七九四年法國革命政府將這位同情廣大群眾熱情洋溢的思想家遺骸遷葬於先賢祠（Panthéon）。日後在他的棺廓對面，安置著另一位偉大的理性思想家，即昔日筆戰的文友伏爾泰遺骸。

如果我們前往先賢祠地下墓穴巡禮，就能清楚地知道法蘭西思想的泉源。這裡所埋葬的名人，並非在法蘭西這一有限民族地理世界裡稱王稱帝的帝王、將帥，而是超越出法國國界，豐富了全球人類思想內涵的哲人、思想家、音樂家，譬如盧梭、伏爾泰、雨果、左拉、白遼士等等。現實世界裡的名利，隨著時間的檢證，一個個地消逝得無影無蹤，存在人們記憶裡面，往往都是豐富多彩的人文精神。這些人的思想點燃了情感、理性的勝利火炬，照亮了幽闇的思索隧道。即使身處亂世，深具法蘭西精神的仁人志士，也都能以本於自由、平等的精神，發自心底，追求人

性的尊嚴。德國佔領下的法國，英雄穆藍（J.Moulin）勇敢地組織義勇軍，發動抗德運動。雖然他失敗被捕，嚴刑不屈，病死押送德國途中。然而，他這股不屈不撓的良知、勇氣卻贏得法國人民的讚嘆，一九六四年他的遺骸被移葬先賢祠。

所有動物中，只有人類有緬懷先人流芳，加以厚殮追思的習慣。人類並非執著於一堆亡者的屍骨，而是珍視死者生前的不朽精神，歌頌他們舉世罕見的才華。相對於有形的屍骨，無形的精神浩然長存，相較於現實功利，當下生命的自我價值才是人之為人的可貴之處。因此埋葬的行為從原始的生命再生之理念，衍生出普遍性的價值觀認同，藉此價值觀的認同構成道德意識、人文思想。

巴黎聖母院雄偉悠久的建築，讓人憶起蠻貊時代的慈愛光輝；圓頂教堂裡的拿破崙與諸元帥的遺骸，象徵保衛國家，發揚法蘭西自由、平等、博愛的精神；先賢祠裡無數法國的思想家、作家，使得法蘭西精神得以延續，得以富饒；拉歇茲神父墓地的群靈，如同天上繁星，閃爍耀眼。物質文明可以隨著時代腳步的向前而更為進步，更加多樣化，然而物質本性就如同個體生命的繁衍一般，擁有其生滅興衰的樣相。永恆的價值，存在於超物質的人文精神中。

法蘭西民族處於各種戰亂擾攘的時代，強敵環伺，戰爭與和平不斷更替，何以能長久繁榮不衰呢？或許出自於尊重理性、探索自然、關懷人道、擁護傳統的高尚人文精神吧！（P）

聖熱爾曼德佩教堂　St-Germain-des-Prés

實用資訊

地址：3 Place St-Germain-des-Prés 75006 Paris

交通路線：St-Germain-des-Prés 地鐵站

開放時間：每日 8：00 → 19：00

教堂起源可追溯到五四二年席爾德貝爾國王（Childebrt）收藏聖遺物的教堂。現在教堂則開始於十一世紀，法國大革命期間一七九二年九月二至六日之間的「九月屠殺事件」，三百一十八位神父慘死教堂附近。一七九四年多數建築物被毀，於十九世紀時重新修建。建築內部融合六世紀的大理石迴廊、哥德式穹窿、羅馬式拱門。哲學家笛卡兒、文學家布瓦羅（N. Boileau）等人埋葬於此。（P）

● 古拙棟樑一字排開，直通祭壇。羅馬式拱門撐起純淨無飾的早期哥德樣式穹窿，近似聖禮拜堂，卻更顯斑駁厚實。微明的燈火、半透彩繪玻璃篩下五彩光線，神秘的光影密佈教堂，行走其中，宛如踏足於舒軟的雲際。

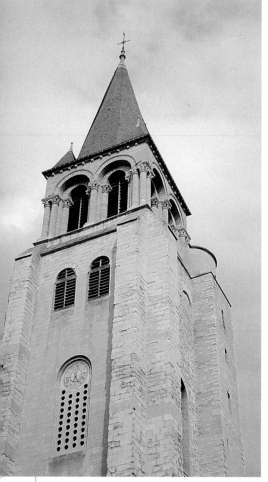

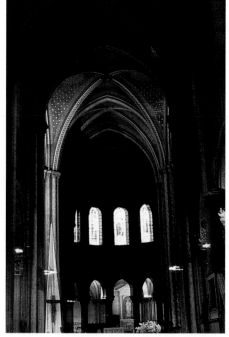

● 寬粗石塊堆砌出樸拙且近乎無垢的鐘樓，體現了歷盡滄桑的挺拔精神。沒有繁複的裝飾，只有蒼老的容顏。砰然劃破青空的鐘聲綿延難盡，傍晚時節，撼人深思。昔日的屠殺歲月已過，今日正值繁華昇平。

這件反對革命囚犯的九月屠殺事件（Massacres de septembre）發生於1792年9月2日到4日之間。1792年8月10日民眾蜂起，推翻王政。當時，法國周遭的專制王國聯兵伺機入侵，巴黎陷入四面楚歌的危機中，市民燃起抵禦外敵的愛國主義。於是，市井盛傳被羈押獄中的反對革命囚犯私通外敵，此外革命激進派馬拉（J.P.Marat, 1743-1793）鼓吹：「若不制裁人民公敵，不得出征！」於是巴黎監獄中拒絕宣示效忠共和政府的神職人員以及其他反對共和政府的1100人，經由非公正的形式審判而遭殘酷屠殺。這一事件演變成往後恐怖統治的契機，國內各派系之間的對抗激烈化。為了向國際示威，隔年的1793年1月，路易十六世被送上斷頭台，終於引發各國入侵法國的無數戰役。（P）

● 前殿甬道（nef〈法〉）兩旁，蒼老稚拙的石柱整然並列，撐起厚重的穹窿。十一世紀羅馬樣式的建築餘韻，以及樸拙圖樣滿佈暗紅、深藍色調的迴廊，散發出異樣的中世紀氣氛，凝重威嚴的高古品味隨處可見。

● 哥德式尖塔下佇立著聖母子，肅穆的神情中露出無限慈愛。人們如同追念自己的母親一般，在其前方誠懇地獻上一支支蠟燭。後方的聖母禮拜堂，正響起莊嚴的聖歌，繞樑迴旋，超凡崇高。

巴黎聖母院　Notre-Dame de Paris

實用資訊

地址：Place du Parvis Notre-Dame 75004 Paris

交通路線：Cité 地鐵站

開放時間：每日 8：00 → 18：45
頂樓：夏季 10：00 → 17：00；
冬季 9：30 → 18：00

雨果的名著《巴黎聖母院》為這座巴黎最美的哥德式教堂增添了永久不息的光輝。文學、電影、音樂劇以各自的藝術形式將中世紀一個充滿人性之美的故事深深印在人們心中。來到這裡，立刻會產生似曾相識的親切感：美麗的埃及姑娘愛斯美拉達和善良的敲鐘人卡西莫多曾經在這裡避難，為人性的純潔和尊嚴最終付出生命。（G）

● 聖母院長 130 公尺，高 69 公尺，西正面風格獨特，被壁柱和裝飾帶縱橫各分為三部分。最下面有三個哥德式風格的大門洞，門上方的裝飾帶為「國王廊」，中央部位是一個直徑約 10 公尺的紅、藍色玫瑰窗，描繪著天使環繞聖母聖子的景象。

巴黎聖母院矗立在西堤島上，舊址是一座高盧 - 羅馬神廟。1163年由主教莫里斯集資創建，將近兩個世紀中，無數建築師、工匠前仆後繼奉獻勞動，投注智慧，終於在 1345 年完成初期工程。其建築的雄偉和精緻顯示了中世紀法國建築藝術的高峰。

玫瑰窗象徵聖母的慈愛光輝，近八百年來，不論寒暑如何更易，透過聖經故事的彩繪玻璃，將窗外熾熱的陽光轉化成柔和神聖的慈愛光芒，向著四方延展開來。這幾個玫瑰窗是聖母院的精彩部分，聖潔美麗的彩色玻璃充滿了藝術的魅力。面對塞納河的南玫瑰窗高達13公尺，中間有聖女、聖人及使徒環繞耶穌的圖案。玻璃鑲嵌細密，色彩閃爍絢麗，引人無限豐富的暇想。

人文小檔案：巴黎聖母院

巴黎聖母院見證了幾世紀以來巴黎的歷史，尚未完工時便已成為祝聖場所：1302年，法國國王菲利普在此召開第一屆王國三級會議；1430年，英國國王亨利六世更於此舉行登基典禮；為聖女貞德昭雪的訴訟案亦選擇在聖母院舉行開庭儀式。之後更有許多重要慶典或儀式，以巴黎聖母院為舉行場所，例如：1804年，碧岳七世教皇（Pie VII）為拿破崙一世舉行的加冕典禮；1811年，羅馬國王舉行的受洗儀式；1944年，慶祝二次大戰結束的萬人齊頌讚美詩；1970年，為戴高樂將軍舉行的追思彌撒；1980年，教皇聖‧保羅二世在門前廣場主持的彌撒，以及1996年，為密特朗總統舉行的宗教葬禮。（G）

● 聖母院的後殿是整組建築的一個終端，別具一格，巨大曲面營造了一種銜接結構各部位的動感。肋狀構架的飛扶壁有著宏大輕捷的氣勢，一反慣用的沉悶內向格調，為整座教堂帶來生氣與活力。

貧窮的聖居禮安小教堂　Saint-Julien-le-Pauvre

實用資訊

地址：1 rue Saint-Julien-le-Pauvre 75005 Paris
交通路線：St. Michel 地鐵站
　　　　　　RER: St.Michel 快鐵站
開放時間：週日到週五 10：00 → 中午，
　　　　　　15：00 → 18：00

　　這裡是梅洛林王朝的墓場，教堂坐落於兩條羅馬時代的戰略要衝交會點，與聖熱爾曼德佩同樣是巴黎最古老的教堂之一。之後成為廢墟，大約一一二〇年左右，這座教堂歸屬於修道分院，並成為巴黎知性生活的一環，大學校長選舉在此舉行，一五二四年因為學生騷動再次被毀。一八八九年起這裡開始屬於希臘正教的教堂，並經常演奏室內音樂及聖樂。（P）

● 殘垣斷壁依稀如
舊，文明進程在宗教領
域留下痕跡，瞻仰遺跡
感慨良多。相較於壯觀
的巴黎聖母院，侷促一
隅的這所狹小教堂不復
昔日光輝，但人性的思
索為神學的終極世界帶
來的嶄新活力。

● 樸拙的祭壇、高
古的聖像描繪，彷如
中世紀的風格。雜揉
著東方異國風味的氣
氛增添肅穆縈迴盪
漾。粗壯的柱石在狹
小空間裡，稍顯不調
和，聖樂的吟唱卻異
常奇妙而難解。

聖禮拜教堂　Sainte Chapelle

地址：4 Boulevard du Palais 75004 Paris
交通路線：Cité 地鐵站
　　　　　RER：St-Michel 快鐵站
開放時間：4 月到 9 月 9：30→18：30
　　　　　10 月到 3 月 10：00→16：3

一二四八年第八次十字軍東征前夕，聖王路易九世完成了這座被公認為西方建築史上的偉大教堂。路易九世從一二三九年到一二四一年之間，向君士坦丁堡皇帝波端二世（Baubouin II）購得耶穌棘冠、十字架碎片，為了奉納聖遺物建造了這座教堂。當時法國處於險惡國際局勢中，聖禮拜堂的建立蘊含宗教與政治意義，使法國一躍而為西歐天主教權威。教堂幾經破壞，一八四○至一八六八年間進行裝飾與建築物的考古大翻修。（P）

● 一入教堂，金碧輝煌，燦爛耀眼，宛如畫中的天堂景致。藍色穹窿上的王室金色百合、金色棟樑，凝重中富有輕巧。棟樑交錯構成迴旋狀穹窿，增加向上躍昇動感，精雕中不失大方。上層禮拜堂昔日專為王室、貴族禮拜所需。十五扇彩繪玻璃窗，千餘塊圖案嵌版，刻畫聖經故事。陽光洩下，彷如上帝榮光，光彩奪目，遠古聖經傳說與人類虔誠信仰都消融在色彩與光線的精湛演技中。

● 虔誠的聖王路易九世，為西堤島王宮留下輝煌的哥德式禮拜堂。聖禮拜堂雖不像聖母院般雄偉，卻另有一番精細莊重的別緻。古樸的精美裝飾與半透明玻璃彩繪，使昔日巡禮者不禁讚嘆：「進入了天上最美廳堂！」

聖厄斯塔許教堂　St-Eustache

實用資訊

地址：Place de Jour 75001 Paris
交通路線：Les Halles 地鐵站
　　　　　RER:Chêtelet、Les-Halles 快鐵站
開放時間：每日 9：00→19：00；週日 9：00
　　　　　→13：00；15：00→19：00

　　建於一五三二年的弗朗索瓦一世時代，完成於一六三七年路易十三世時代，耗時百年以上。這是座巴黎最美的教堂之一，建築為哥德樣式，裝飾則是當時盛行的文藝復興風格。祭壇後方聖母禮拜堂的玻璃彩繪設計者是路易十三世時代的偉大畫家向班尼（Phlippe de Champaigne）。路易十四時代的偉大劇作家莫里哀埋葬於教堂地下墓室，著名宰相兼紅衣主教李希留在此受洗。（P）

● 文藝復興的莊重裝飾表現出細膩的穩重與崇高。重複、規律的線條向著塔頂交集而倒掛在穹窿中心。無限上昇的線條以源源不斷的力量在穹窿中心迴旋而指向人間，往互迴向，彷彿天與人的建築對話。

● 弧形廣場圍坐無數遊客，他們的視線往往集中於德‧米埃爾（H.de Miller）的雕像〈傾聽〉（l'écoute）。巨大石雕以天地為體，傾聽天籟，傾聽風聲，傾聽純真的笑聲。

159

地址：1 Rue des Prtres - St - Séverin 75005 Paris

交通路線：St-Michel 地鐵站

開放時間：週一至週五11：00→19：45，週六11：00→20：00，週日9：00→21：00

實用資訊

　　西元五二四年在這裡發生大屠殺，聖人賽芙韓於是勸戒克婁維斯王（Clovis）之孫，也就是之後的聖庫魯（St Cloud）在賽芙韓修道院擔任聖職。到了十一世紀，人們在當年聖賽芙韓演說的地方建立禮拜堂成為小教區教會。現在教堂的鐘樓可以上溯到十三世紀。完成於十六世紀初的這座教堂是火焰式哥德建築樣式的典範。一六八四年，路易十四的堂姐 La Grande Mademoiselle 與原屬教區的聖許畢斯教堂決裂，於是接管此地，並將其加以現代化。（P）

●　從教堂後方的柱石緩緩地旋轉，化成教堂的穹窿，變成有機性的生命律動，不斷地衝擊著內心深處。源源不絕的韻律將走入這裡的人們包圍起來，使我們頓時情願放棄執著並油然產生謙遜的情懷，奉獻給無限的宇宙。

●　舉世難以匹敵的創意，發現宗教與藝術之間相通之處。心中躍動著難以抑制的澎湃情感，當觸及這根扭動的柱石時，我們瞬間化成轉動的石塊，向那無盡無邊的彼岸，進行一場神奇的意識之旅。這座教堂的設計師必然深諳宗教的精邃與藝術的崇高兩者之間的共通處。

● 熊熊火焰尖塔以無盡的力量往上升起，整座教堂彷如朝天堂昇華的人間宗教情操。人們在山牆的消失點上以高度想像力將頑冷的石塊點化成歌頌天地間的偉大情感，引領紛擾的世間走向和平的境界。

聖埃提安杜蒙教堂 Saint-Etienne-du-Monday

地址：Place Sainte-Geneviève 75005 Paris
交通路線：Cardinal Lemoine 地鐵站
開放時間：七、八月 10：00→中午，16：00
　　　　　　→19：30
　　　　　　九月到六月 週一到週六7：45→中午，
　　　　　　14：00→19：30；
　　　　　　週日7：45→12：30，14：30→19：30
　　　　　　七、八月的每週一休館

● 靈巧的聖壇屏循著兩邊高聳石柱盤旋而上，再次舒緩地在甬道中間接續。細膩的鏤空欄杆藉由均衡穩重線條，使得含藏無限信仰虔誠的教堂，彩繪出動人感性的品味。

161

這座教堂位於先賢祠後，是巴黎守護聖女傑涅維芙的禮拜堂，建築風格雜揉了哥德與文藝復興樣式。教堂地下墓室安葬了文學家拉辛、思想家巴斯卡。大革命期間聖女遺骸被拋入塞納河內，屍骨無存。然而革命激情後，這位奮勇保護巴黎的女英雄依舊受人崇敬，於是在右側禮拜堂放置著六世紀遺留下的石棺遺跡，供人瞻仰。（P）

● 精細的哥德式尖頂下，無限慈愛的聖母瑪利亞神情優雅而出塵地俯視下方。前方放置著一千五百餘年前守護巴黎的聖女傑涅維芙棺廓碎片。喚起村民抵禦匈奴王阿提拉入侵的女性，在此永遠受到巴黎市民的推崇。

● 相較於先賢祠的宏偉壯觀，這裡顯得秀美細緻。半圓拱門楣與希臘式山牆構成變化，鑲嵌著玫瑰窗的弧形又往上推演出高聳的尖頂，往互辯證的超越構圖使這座教堂透露出永恆風貌。

索爾本教堂・索爾本大學　Eglise de la Sorbonne, La Sorbonne

實用資訊

地址：47 rue des Ecole 75005 Paris
交通路線：Cluny La Sorbonne 、Maubert
　　　　　　Mutualité 地鐵站
開放時間：索爾本大學 週一到週五 9：00→
　　　　　　17：00
　　　　　　索爾本大教堂：僅限展覽期間

　斜陽灑進索爾本大學中庭，照射到學子臉龐、書本上，陷入無盡沉思的科學家巴斯德與詩人雨果雕像分位中庭兩旁。兩位偉人的悠然神情，為人類文明帶來感性與理性的光輝，昭示文明傳承的嶄新意涵。

　　為紀念樞機卿李希留主教，一六三五至一六四二年由勒梅斯埃（J.Lemercier）設計建築索爾本教堂，背對索爾本大學。除了義大利的波羅尼、薩拉爾諾大學外，歐洲要屬索爾本大學的創立最為悠久。一二五五年路易九世告解神父索爾本在其資助下，購得位於古波・格爾（Coupe-Gueule）街道的建築物，一二五八年他為十六位窮學生設立學院教授神學。（P）

● 結合希臘、羅馬、文藝復興樣式的教堂，秀美而精緻。綠樹、書店、咖啡雅座環繞廣場，實證主義者孔德雕像站立一旁，無數學子、遊客穿梭其間。時間的飄逝使得這裡愈加地散發出無盡的人文氣息。

恩典谷教堂　Val-de-Grâce

實用資訊

地址：1 Place Alphonse Laveran 75005 Paris

交通路線：RER：Port Royal 快鐵站

開放時間：每日9：00→17：00

一六四三年路易十三世王后安妮・多特利修（Anne d'Autriche）生下路易十四，一六四五年稚齡幼主為感謝上帝恩典，親自奠基。設計師是弗朗索瓦・蒙沙（F. Mansart），是法國巴洛克藝術的代表性建築之一。前方的六根螺旋形列柱模仿羅馬聖彼得大教堂的貝尼尼作品。天井是宮廷首席畫師米涅亞爾（P.Mignard）的傑作。（P）

小型穹窿的鐘樓護衛側面，使視覺緩慢延伸到側面，達到穩定的視覺效果。左右對稱的三角形扶手漸漸消失於山牆兩側，既穩定正面又延續視覺感。穹窿方柱與圓形穹窿構成方圓對比，更顯厚實穩重。

克林多柱頭列柱，依著律動感橫向排列。下方山牆舒展而往上推升，直通羅馬式穹窿。縱向、橫向伸展開來的整棟建築蘊含著穩定動感。優美而不失莊重，華麗而富有節制，是法國式的巴洛克風格。

聖許畢斯教堂　St-Sulpice

地址：Place St Sulpice　75006 Paris
交通路線：St -Sulpice 地鐵站
開放時間：每天 7：00 → 19：15

這座教堂融合希臘、哥德樣式，一六四六年動工，經歷一百多年才完工。鐘樓類似巴黎聖母院，卻更為小巧。教堂內部氣勢雄偉，彩繪玻璃作工細緻、寫實。進門右側禮拜堂張掛著浪漫主義大師德拉克洛瓦大型壁畫〈雅各與天使的纏鬥〉。教堂前方廣場設置維斯康提（J.Visconti）設計的四主教噴泉（Fontaine des Quatre-Evêques），廣場四周環繞咖啡雅座，頗具人潮。（P）

● 正面雙層羅馬式列柱，一反聖禮拜堂的哥德式風格，氣勢穩重；唯獨風格互異的左右鐘樓，使得整體失去了對稱的穩定感。四主教噴泉的潺潺泉聲與廣場四周的栗樹，使咖啡雅座彷如置身自然森林中。

● 聖母峨然矗立在地球與蛇隻上，象徵著純潔無垢。救贖之愛滲入夫妻情愛中，上帝為他們立盟，親友為他們祝福。雙方誠信尊重，相互寬恕、奉獻，終生不渝，踐誓初衷。聖歌唱頌，神父福證，一對新人進行著婚姻聖事。

人文小檔案：婚姻聖事

新約的耶穌教訓，嚴禁離婚，即使離婚也無法切斷婚姻關係。此後，根據神學解釋，將基督徒的婚姻關係比擬為耶穌與教會關係，丈夫將妻子當作自己的身體來愛護，就像耶穌對待教會一樣。十二世紀士林學派將婚姻列為聖事，十六世紀羅馬教廷為了駁斥新教的婚姻觀，正式將婚姻列為聖事，以後並以各種觀念來詮釋婚姻觀念。現代神學與教會訓導都肯定婚姻關係中的性生活價值，因為性是夫妻雙方身為男人與女人的部分需求。夫妻的結合象徵著親密關係的本質，也意指誕生新生命的可能，亦即愛產生生命。婚姻之愛是無條件的，以愛關懷配偶的肉體與心靈的整體需要。婚姻也是一種存在性的結合，只有夫妻雙方同時深刻意識到所有維繫關係的要求，而且願意創造一種真誠的關係時，婚姻關係才會存在。現代節節上升的離婚率挑戰了教會的婚姻觀，然而非婚生子女、單親家庭的社會問題，又讓人深思宗教婚姻觀的價值。（P）

島上聖路易教堂　St-Louis en l'île

實用資訊

地址：19 bis rue St-Louis en l'île 75004 Paris
交通路線：Pont Marie 地鐵站
開放時間：週二到週日　9：00 → 12：00；
　　　　　　15：00 → 19：00

　　一六六四年，王室建築師勒沃（Louis Le Vau）設計了這座巴洛克風格教堂，歷時六十年，完成於一七二六年。內部貼金、鍍金的裝飾文樣配合大理石，金碧輝煌，教堂後方站立著聖路易腰繫帶領十字軍出征時的短劍之英姿，這位聖王遺骸埋葬於此。而美國密蘇里州的聖路易城更據此而命名。（P）

🔹 克林多柱頭的繁複裝飾，配合羅馬式列柱的拱門，藉由富有節奏的律動感，傳達出神秘的宇宙奧理。右邊為聖母禮拜堂，左邊為驅逐匈奴入侵的聖傑涅維芙。聖王路易九世佇立後方，臉上露出渴望天國光輝的忘我神情。

人文小檔案：巴洛克

巴洛克（Baroque〈法、英〉，Barock〈法、英〉，Barocco〈義〉，Baroco〈西、荷〉）一語意為出自「不均齊珍珠」的寶石用語，十八世紀前期的這個單字隱喻著不規則、特異、不均衡的意涵，後半期則指：相對於端莊穩正風格的古典主義建築，表現出線條濫用、過度裝飾的輕蔑意味。就樣式名稱而言，建築上是指十九世紀發生於義大利文藝復興樣式解體後的墮落樣式。二十世紀後，迥異於文藝復興風格的巴洛克因獨樹一格而漸受肯定。

就時代樣式而言，指流佈於天主教國家，諸如西歐、南歐以及西班牙、葡萄牙等中南美洲殖民地的藝術樣式。巴洛克藝術的特徵是，動感、曲線、裝飾性、強烈對比、律動感、感動表現，亦即訴諸視覺的「繪畫性」藝術。素材則善用鍍金、色彩理石、灰泥（Stucco）。其興起的時代背景與自我風格主義、反宗教改革精神等等政治、社會、哲學諸多要素相關。（P）

● 光芒四射，熠熠流燦，神的榮光從天而降。半圓形穹窿與鍍金天使騰空而起，耀眼的巴洛克式曲線以及金色，增添了視覺、光線的躍動感。平行列柱以及其垂直線條，讓視覺動感變得含蓄莊重。

圓頂教堂　Dôme des Invalides

實用資訊

地址：Avenue de Tourville 75007 Paris
交通路線：Varenne、La Tour - Maubourg
　　　　　　地鐵站
開放時間：10月至3月 每日10：00→17：00
　　　　　　4月至9月 每日10：00→18：00
　　　　　　1月1日，5月1日，11月1日，12月
　　　　　　25日休館

法國著名建築師蒙沙一六七六年奉路易十四之命建造這座圓頂教堂，用以安放王室棺墓，路易十四去世後，計畫被迫終止。一八四〇年拿破崙遺體棺墓安葬於此，還有拿破崙家族和一些法蘭西偉人家族成員亦葬於此地，這座教堂於是成為紀念拿破崙和軍事家的聖殿。教堂的圓頂在一七一五年首次鍍金，三百多年來終日放射著金色的光芒。（G）

人文小檔案：圓頂教堂中的墓地

路易十四偉大的軍事建築師和工程師弗邦（Vauban），在1703年被封為法國大元帥；其紀念碑在主要入口處，兩旁環繞著戰爭與科學之神。

曾為法蘭西的國家存亡有過偉大貢獻的法國元帥福熙（Foch），他的銅棺安葬於入口處右邊。

拿破崙之兄約瑟夫·波拿巴（Joseph Bonaparte）受封為拿不勒斯和西班牙國王，其棺木安放在入口處右邊的小祭堂之內。而拿破崙之弟熱羅姆·波拿巴（Jerome Bonaparte）曾受封為威斯伐利(Westphalie)國王，其陵寢則位於入口處左邊的禮拜堂。

拿破崙與奧匈帝國公主瑪麗·路易絲（Marie-Louise）所生獨子萊格龍（L'aiglon）之墓設於地宮深處。萊格龍在1811年出生之後受封為羅馬王。1815年滑鐵盧戰敗，拿破崙將王位傳給獨子，稱為拿破崙二世，但未獲英普聯軍承認，於是，萊格龍被其母帶回維也納，21歲時死於肺病，其遺骸於一九四〇年運回巴黎，在拿破崙棺槨安葬於圓頂教堂百年之際，父子最後同葬一處。（G）

● 這座古典風格的建築以莊重為其特徵，地平面呈方形，大圓頂上裝飾著華美的鍍金雕花物，最上端是一個帶有塔尖的天窗燈籠狀結構。建築內部布局為希臘十字形結構，穹頂畫描繪了四位傳福音者和聖路易向基督獻劍的故事。

● 拿破崙在聖赫勒拿島去世後七年，法國得到英國的允許，將其遺體運回祖國。1840年12月15日，巴黎人傾城出動參加葬禮，載著拿破崙遺體的靈車穿過凱旋門，人們夾道哀戚。他的遺體最後被置放在紅色花崗岩的六層棺槨之中，安葬於圓頂教堂的地宮中央。

聖荷許教堂　Saint Roch

地址：296 rue St. Honoré　75001 Paris
交通路線：Tuileries 地鐵站
開放時間：每日 8：15 → 19：30

　　設計羅浮宮的建築師勒梅斯埃（J. Lemercier）設計了這座巴洛克教堂，路易十四為其奠基。十八世紀，建築師蒙沙（J.H. Mansart）加蓋了圓頂、天花板裝飾精緻的聖禮拜堂；此外又在後方加蓋了兩座禮拜堂，使得總長為一百二十六公尺，稍短於巴黎聖母院。劇作家高乃依、哲學家狄德羅皆埋葬在這裡。一七九五年拿破崙曾經領軍攻擊駐守在此地的保王黨，在教堂外留下痕跡。（P）

● 由於教堂逼近老舊街道，從外觀難見其雄偉氣勢。一進內部，潔白肅穆，氣氛迴然沈靜。高聳穹窿，泌泌光線，潔白大理石纏繞金色框邊，不斷迴旋，榮耀神的容光。典雅穩重的甬道使人的心情，平靜中露出渴望之情。

● 強烈光線從雲端迸裂開來，天使盤旋空中，祝禱救世主的誕生。聖母瑪利亞與聖人約瑟夫動作呈現出讚嘆、驚訝的場面。動感十足的祭壇正上演著一齣救贖人間的聖劇。

● 垂垂老邁的聖德尼，藹藹慈輝步出台階，渴望教誨的信徒歡呼震動，卻毫無躁動、紛亂之情。天使為這位捨身忘軀的老人加冕，場面莊重而感人。這樣的場面在新古典主義前驅的維翁（J.-M.Vien）的描繪下，精湛地展現了穩重風格。

聖傑維‧聖波蝶教堂　St-Gervais‧St-Protaits

實用資訊

地址：Place St-Gervais, 75004 Paris
交通路線：Hôtel de Ville 地鐵站
開放時間：週一到週五 6：00→21：00；
　　　　　　週六 7：00→21：00；週日 7：00→
　　　　　　20：00

　　本教堂面對巴黎市政廳背面，為紀念被羅馬暴君尼祿殺害的兩位士兵而建立的，其歷史可追溯到西元六世紀。這裡擁有濃厚的音樂傳統，一九七五年、一九七六年耶路撒冷兄弟會（Fratenité monastique de Jérusalme）分別創立修士會、修女會，每日精勤日課並有唱頌，往往吸引不少遊客駐足傾聽。教堂正面是古希臘的建築樣式，內部則是素白色哥德式高聳穹窿。（P）

● 歷史主義風格的外觀，為了配合高聳的哥德式穹窿，將希臘克林多、愛奧尼亞、多利克風格等柱頭分層使用。相較於哥德式的修長細緻，這裡傳達出古典藝術單純、穩重的莊嚴氣氛。

● 躡步趨前，如入畫中。哥德式金色穹窿與棟樑下，靜謐地跪拜著白袍修女及信徒。安靜、肅穆，旁若無人，冥想祈禱。假使喧囂的都會是靈修者的「心靈沙漠」，那麼這靜謐的殿堂將使他們沁浴在純淨的聖泉，生活於喜悅與謙卑中。

先賢祠　Panthéon

實用資訊

地址：Place de Panthéon 75005 Paris
交通路線：Jussieu、Cardinal-Lemoine 地鐵站
開放時間：4月到9月 9：30 → 17：45
　　　　　10月到3月 10：00 → 16：15

　　一七四四年國王路易十五世大病初癒，為了酬謝守護聖女傑涅維芙，下命當時的偉大建築家蘇福洛（J.G. Soufflot）設計聖傑涅維芙教堂。這座新古典主義風格的教堂完成於一七九〇年，卻因爆發法國大革命，教堂被改成安置法國歷代偉人的先賢祠。一八〇六年拿破崙與天主教廷的緊張關係宣告和解，於是將先賢祠歸還教會，一八八五年第三共和時教堂又再次被改成公共性建築。盧梭、伏爾泰、雨果、左拉、居禮夫婦、穆藍、馬爾羅等歷代偉人在此安眠。（P）

人文小檔案：盧梭

盧梭（J.J.Rousseau, 1712-1778），法國思想家、作家，出生於日內瓦共和國，出生時母親難產而死，十歲時父親失蹤，十六歲離開日內瓦，流浪各地，巧遇華倫夫人（Baronne de Warens, 1700-1762），而在她庇護下學習音樂，自學成材。華倫夫人對他的教育以及他對夫人的情感往後起了決定性影響。1742年他來到巴黎，從事音樂批評、歌劇寫作，在社交界小有名氣，並結識狄德羅等文士。1750年以《學問藝術論》而聲名大噪。文中他批判：文化・文明的發達與道德墮落平行發展，衝擊學壇。1755年的《人類不平等起源論》更進一步批判：人民失去根源性的自由造成社會的不平等，猛烈地批判專制封建王朝。1761年發表《新愛麗絲》，基於回歸自然，謳歌人性、家庭關係、戀情、自然情感，引起廣大迴響。1762年的《愛彌兒》書中，主張回歸人類的自然性，以論證方式批判封建的偏見與宗教的不寬容。1762年《民約論》的出版雖終完成他的思想體系，卻因之後的兩本著作，書籍被禁，並遭被下令逮捕的命運，於是流亡瑞士、英國。1770年歸國後，罹患妄想症，寫作了《告白》（1766-1770）、《孤獨散步者的夢想》（1776-1778）。他的思想深深影響法國大革命，文學作品影響了浪漫主義文學。（P）

● 希臘十字架教堂結合希臘神殿，節奏均勻的列柱環繞著高聳圓頂，雅典的崇高精神結合羅馬的厚重圓頂，遠望心生肅穆之情。山牆上的法國女神贈與歷代偉人桂冠的圓雕，完成於1832年，歌頌燦爛的法國文明。

● 象徵法國大革命的情感精神的盧梭與理性思維的伏爾泰相對安葬。象徵自由的火把從閉鎖門縫舉出，盧梭棺廓的側面這樣寫著：人們在此安置自然與真理。他闡揚自然狀態下的自由精神、真理，引發革命，其革命思潮造就了今天的法國文明。

● 這裡是法蘭西精神的泉源，安靜肅穆，偉人們先進入祭壇接受光線的頌揚，接著安厝到地下墓室。神情深邃肅穆的偉大思想家伏爾泰，手持鵝筆眺望遠方，法國近代文明的火花正在指尖騷動著。

● 光的殿堂，神秘且柔和的光線經由高聳的拱頂，緩緩洩下，匯聚在祭壇前。蘇福洛試圖再現超世間的神秘精神，浮動的光線沁潤到參訪者心中，天才的演技，適足讚美上帝的榮光，而今已把光彩歸於歷代偉人。

瑪德蓮教堂　La Madeleine

實用資訊

地址：Place de la Madeleine 75008 Paris
交通路線：Madeleine 地鐵站
開放時間：週一到週六 7：10→17：15；週日
　　　　　　 7：30→13：30，15：30→19：00

● 教堂外部由無數宏偉的克林多列柱環繞而成，氣象宏偉。內部沒有甬道，透光穹窿洩下昏暗光線。循著左右禮拜堂迴旋的迴廊，根據節奏層層律動，終止於聖母祭壇上所展開的昇天場面，一切神蹟消失在前方的戲劇性效果中。

這座教堂與塞納河隔岸的波旁王宮遙遙相對，八條大道匯集於此，克林多列柱高高撐起宏偉的山牆，透露出雄偉壯觀的氣息。這座教堂完成於一七六四年，一度被建議改成紀念拿破崙耶拿戰役的勝利紀念堂，卻始終沒有實現，於是，一八四五年正式奉獻給瑪德蓮的瑪利亞。（P）

● 聖母瑪利亞緩緩攤開雙手，神情陶然忘我。三位天使托著跪凳上的聖母騰空而起，內縮的翅膀含藏無限內力。巧妙的三角構圖使得視線往上升揚，沉甸甸的大理石完全消解在神秘的光影中，我們的感受也化成光影的一部分。

拉歇茲神父墓地　Cimetière du Père Lachaise

實用資訊

地址：16 rue du Repos 75020 Paris
交通路線：Père Lachaise、Alexandre Dumas 地鐵站
開放時間：週一到週五 8：00→17：30；週六、日 9：00→18：00

位於巴黎東邊的這座丘陵地，長眠著無數激發人類情感的天才。缺少他們，世界將失去情感的火花與色彩。這裡本為路易十四世告解師拉歇茲神父所有，一八〇三年拿破崙下令徵收，改建墓園，至十九世紀末為止共擴建過六次。作家巴爾札克、普魯斯特、詩人王爾德、音樂家蕭邦、浪漫主義畫家傑里科、招靈派宗師卡爾德克、悲劇演員伯娜特等人都長眠於此。（P）

整座墓地不標榜宏偉墓碑,而以巧思見長。沒有鬼影幢幢的氣氛,只有對生命的尊重、對情感的頌揚、對前人成就的緬懷。在仰慕者墓前獻上鮮花、燭花是萬聖節的特色之一。天亦有情,揮灑金黃樹葉,深致追思。

人文小檔案:墓地

法語的墓地(Cimetière)語源為希臘語的koimeteria,意味著「母親的場所」。人們盡可能將死者埋葬於女神神殿旁邊,以求呵護安息,這種習慣至今仍被基督宗教所延續著。英語的「教堂墓地」(church-yard)的「墓地」(yard)出自日爾曼語的'gard'、'garth',乃是「大地」、「世界」之意。因此'yard'指的是死者的地下世界。古人信仰中,大地是女神的擬人化,埋葬入土象徵著回到母親懷抱,同時又意味著生命終將如同植物發芽一般再生。法國基於天主教教理,盛行土葬。遺族在口頌著「來自塵土,仍歸塵土」的同時,將象徵錫安山之土撒在親人棺木上,沒有嚎哭,默默追思,於是,詩人雨果往後便這樣追悼他的愛女:「純粹的精神不斷凋萎,不斷復甦。」(P)

悠揚悅耳的鋼琴樂曲伴隨著人們的哀思,波蘭裔音樂家蕭邦墓前默默聚集著仰慕者。以鮮花、燭光寄託悵然之情,音樂女神謬斯也為之動容。音樂超越時空,溝通心靈,人們正沉浸在蕭邦樂曲與旋律中。

● 傑里科手持彩筆，悠然目視前方，滿懷幻想。下方鑲嵌著宣示法國浪漫主義開端的名作〈梅杜薩之筏〉。長期漂流海上的竹筏坐滿劫後餘生的海難船員，生之希望與死之恐懼具現畫面，美感與恐怖驚駭共存，一現法國式的浪漫表現手法。

● 秋雨瑟瑟，萬聖節當天，人們來此傾聽解說人敘述園中故人的種種往事，即使平淡無奇都在細雨中化成淒美影像。不需建功立業，只要真誠的尊嚴生活之信念為法國文明點燃希望。生前困頓的英國詩人王爾德也在此找到仰慕者。

聖心堂　Sacré Cœur

實用資訊

地址：35 rue de Chevalier 75018 Paris
交通路線：Abbesses 地鐵站
開放時間：禮拜堂 6：30 → 23：00；圓頂、地下墓室 9：00 → 19：00

　　聖心堂坐落巴黎北方，是十九世紀末期美好時代的代表建築。卵形圓頂是巴黎的第二高點，僅次於艾菲爾鐵塔。一八七〇年普法爆發戰爭，法軍潰敗，普魯士宰相俾斯麥下令包圍巴黎，長達四個月的圍城，使城內動物全被吃盡。於是商人勒岡提（A.Legenti）、德‧弗勒里（R.de Fleury）兩人許願，若巴黎解困將建造教堂獻給耶穌聖心。巴黎解圍後，由阿巴迪（P. Abadie）設計，一八七五年開工，於一九一四年落成，卻因爆發第一次世界大戰，正式落成儀式延至一九一九年勝利後方才舉行。（P）

莊嚴神聖的建築轟立山坡，拜占庭建築結合美好時代品味；以純淨的古典品味表現出秀麗優美的氣象。圓形、三角形的重複使用，使教堂充滿節奏感，如同演奏出節節攀升的聖樂一般崇高而肅穆。

11 個弧形拱頂依著同等比例順著鑲嵌畫下方繞行祭壇後方，耀眼光芒所籠罩的鑲嵌畫，透出天界光輝與莊嚴，天上天下齊聲歌頌耶穌的聖心。千餘年的拜占庭風格融合於均衡莊重的法蘭西品味中。

● 地下墓室的拱頂粗獷而均衡、單純而雄渾。散發出古拙神情的基督聖像在世紀末的「美好時代」裡，流露出一股憂鬱哀惆的獨特品味。戰亂方歇，毫無細膩的雕琢，歌舞昇平的氣氛沒有在此留下痕跡，僅剩時代傷痕的見證。

人文小檔案：拜占庭美術

十六世紀美術史家以「拜占庭美術」(Byzantine art〈英〉art byzantin〈法〉byzantinische Kunst〈德〉) 稱呼東羅馬帝國（395-1453）美術。五世紀中葉時拜占庭美術尚且帶有古代風味，故而稱之為初期基督教美術。查士丁尼大帝時期（在位527-565）稱為前拜占庭美術，這一風格由首都向外擴散四方。以教堂而言，不只具備宗教儀式功能，同時擁有神之宅邸的強烈象徵特質，譬如羅馬長方形教堂（basilica〈拉〉）、集中式構造的圓頂建築都象徵著上帝所在的神聖天界。

就建築裝飾而言，雕刻柱頭或者內殿浮雕都以平面為主，幾乎不出現人物，僅止於象徵的抽象圖案，譬如聖樹、獅子、各類幾何圖案；相對於彩色壁面，裝飾以聖像為主，並以基督、聖母聖子為中心。就素材而言，以彩色玻璃的鑲嵌為其主流，這些色彩要素主要以表現超世間的神靈世界為目的。任何時期的拜占庭藝術大抵都反對賦予對象的三元特性。（P）

雨果紀念館　Maison de Victor Hugo

地址：6 Place des Vosges 75004 Paris
交通路線：Bastille 地鐵站
開放時間：週二到週日 10：00 → 17：40

十九世紀浪漫主義的偉大詩人、劇作家及小說家雨果，一八三二至一八四八年之間居住在浮日廣場一角，並在此完成眾多作品。這座紀念館展示了雨果的家居用品、東方之廳、雨果生活照片、著作、畫作以及關於雨果戲劇的相關作品。詩人在此接待過作家戈蒂埃、謬塞、巴爾札克、大仲馬，畫家夏瑟里奧、德拉克洛瓦、安格爾等人。這段期間，雨果經歷三次失敗，才終於在一八四一年獲選為法蘭西學院院士，並於數年後被選為上議院議員、立法委員。（P）

「最美的廣場」浮日廣場一隅曾經因為雨果而散發出朝氣與活力。廣場周圍的宅邸外觀平常，雖難以與貴族的豪宅相較，然而無數文人雅士在此所激發出的創意，卻超出平凡無奇的表象，越過了國界，直到今天依然激發起我們的熱情。

人文小檔案：雨果

雨果（Victor Hugo, 1802-1885）出生貝藏松，父親是拿破崙一世麾下大將。十七歲就創辦「文學的保護者」（Conservateur litteraire），處女詩集《頌歌與抒情詩》（Odes et ballades diverses），開啟了浪漫主義先河。27歲時，浪漫主義詩人們以他為中心組成了「文社」（Le cenacle）。1872年發表的《克倫威爾》（Cromwell）劇作的序言以及1830年7月革命時為攻擊古典主義學派而寫作的《埃爾那尼》（Hernani），確立了他在文壇上屹立不搖的地位。歷史小說《巴黎聖母院》（Notre dame de Paris）使他獲得小說家的崇高地位。1841年雨果獲選為法蘭西學院院士，1845年被選為上議院議員，1848年被推舉為立法委員，熱心於政治；卻因1851年，拿破崙三世即皇帝位，被迫流亡海外。1870年普法戰爭，拿破崙三世被俘，法國成立了第三共和，他英雄式地返國，被選為上議院議員，晚年過著受國人尊重的平靜歲月，1874年出版歷史小說《九十三年》（Quatre-vingt-treize）。死後國葬，埋葬於先賢祠。他不只是浪漫主義的多產作家，同時在文學、社會等種種領域主張平等、博愛、人道關懷，可說是真正的人民作家。（P）

● 藝術的自由與地方性（couleur locale）、尊重個性是雨果的文藝訴求。他的家居擺設著不少中國器皿，散發出濃郁的異國風味。這些遙遠國度的收藏品，不知提供給雨果多少遠方的遐想呢？

● 雨果是法國最多才多藝的文人，小說、戲劇、詩歌、繪畫都卓然有成。雕刻家羅丹以特有的虯勁風格捕捉這位不世出之才的沉思瞬間。智慧的靈感似乎正在文人的腦中顫動著，新文化於此刻誕生。

巴爾札克紀念館　Maison de Balzac

地址：47 Rue Raynouard 75016 Paris
交通路線：Passy、La Muette 地鐵站
開放時間：週二至週日 10：00→17：00
　　　　　　每週一及國定公休假期休館

● 在這所淺綠色的房子裡，巴爾札克曾為世界文學史增添一頁精采。屋內陳設著他曾經使用過的桌椅和用具，彷彿見證著他在此的創作生活；借助咖啡，巴爾札克每日伏案寫作18小時，每篇文稿修改15、6遍，他的天才和靈感來自驚人的意志力。

十九世紀寫實主義的偉大作家巴爾札克，於一八四〇至一八四七年曾居住在巴黎第十六區帕西小街的這所普通居所裡。為了躲債，他化名德布紐勒（de Brugnol）；然遷居此處後不久，巴爾札克與富爾納出版社便簽訂了《人間喜劇》的出版合同。這座紀念館展示了巴爾札克的起居環境和工作室、他的手稿和資料著作，以及浪漫感人的愛情生活。（G）

● 巴爾札克在他的波蘭女友昂斯卡（Hanska）身上找到了一生最大的情感安慰。出身貴族的昂斯卡通曉多種語言，兩人於1833年初次見面，通信18年後終成眷屬，不料，巴爾札克卻在結婚僅5個月後因心臟病發作而與世長辭。紀念館內的一間廳室介紹著昂斯卡的生平故事。

人文小檔案：巴爾札克

巴爾札克（Honore de Balzac,1799-1850）出生在圖爾一個中等市民家庭。1816年進入巴黎大學攻讀法律，兩年後獲得學位，曾擔任過律師助手。1819年起開始嘗試文學創作，期間曾開辦印刷廠，後來卻為此負債受累終身。1829年發表《舒昂黨人》（Les Chouans），從此進入創作成熟期。巴爾札克經歷了拿破崙帝國及其百日王朝、波旁王朝的兩次復辟、七月王朝，目睹法國近代動人心魄的歷史轉變。1830年七月革命後，巴爾札克著眼於社會風俗，創造出大量的寫實主義作品。1841年，巴爾札克在創作了70多部小說之後，心中逐漸醞釀成一部包羅萬象的社會史，標題為《人間喜劇》。1842年，巴爾札克在《人間喜劇》序言中表示，他要成為記錄法國歷史的「書記」，「我將不厭其煩，不畏其難地努力完成這套關於十九世紀法國的著作」，以罕見的氣魄承擔了文學家的歷史見證人責任。在《人間喜劇》的標題下，他獨創地將90餘部小說及2400個人物合為一體，意圖反映出十九世紀法國社會的全貌，並賦予文學作品極其珍貴的文獻價值。1850年，巴爾札克倒在創作途中，沒能完成他計畫在《人間喜劇》目錄中標出的143個書名，然而，這並不影響這部巨作的完整性。巴爾札克死後葬於巴黎拉歇茲神父公墓，雨果、大仲馬等皆為他送葬。（G）

CHU TEH-CHUN

豐富文化內涵的華人

劈開混沌，再造大千──
法蘭西藝術學院朱德群院士的繪畫世界

蓬山萬重，滄海有情──
藝術思想家・詩人・小說家程抱一的生命世界

前言：東西文化對話的典範

　　一九三〇年德國納粹勢力高漲之際，西方文化面臨人性危機，心理學家容格（G.C.Jung）在追悼友人利希阿爾特・威廉的演講中，這樣提到：「各位都知道，當羅馬以政治征服東方後所發生的事情：中東的米特拉神變成羅馬的軍神，小亞細亞一隅興起了羅馬人所意想不到的新神祇（基督宗教）。……我們所說的無意識普遍存在遠東的象徵主義裡。」容格從危機中看到西方文化的轉機，從心理學上預見了東西文化交融的遠景。

　　笛卡兒基於身心二元論，透過不斷的反省，排除既有成見，追求基於先驗的「本有觀念」（idea innata）的理性，彰顯真正的自我；「我思故我在」（Cogito ergo sum）奠定了近世思想的先河。同樣地，英國的法蘭西斯・培根（F.Bacon）在《新感官》（Novum organum,1620）書中提出穿越未可知世界，挑戰大自然的觀點，為近代產業革命貢獻良多。近代文明從徹底瞭解大自然以及深邃難測的心靈世界著手，產生了數學、物理、化學、天文學、經濟、政治、法學、社會學、美學、心理學、語言學、人類學、考古學、宗教學等等解決人類存在問題的各門學問。文藝復興後產生的近世西方文明的豐碩成果，造就了西方社會引導世界思潮的這種事實與前提。

　　正因為西方社會在各方面的急速發展，東西文化交會時產生種種人性的失控狀態。西方列強基於達爾文（Ch.R. Darwin）的「物競天擇、適者生存」學說，為侵略他國找到學理基礎，發生了帝國主義的侵略、種族滅絕甚而是兩次毀滅性的世界大戰等，造成了人類文化發展中的悲劇。二十世紀在五、六〇年代興起的存在主義思潮，使西方社會深一層反省文藝復興後對其他民族造成的種種罪惡。

　　十九世紀後半葉，日本同樣受到帝國主義壓迫而不得不敞開大門，他們急速從西方汲取新學問，短短數十年的明治維新，擊敗強國俄國，立足於亞洲。受到這一刺激，我們的先賢們痛下決心，汲取西方優長，留學歐美或是日本探討經世致用的學問。譬如我們現在所常用的名詞，經濟、美學、範疇等等諸多西洋專有名詞透過日本漢字進入中國文化中。從另一方面，西方使用的中國文化中的一些名詞，譬如禪(Zen)、圍棋（Go）、盆栽（Bonsai）等等卻是藉由日語發音引介到西方社會。此外，日本浮世繪被輸入法國，作家左拉、畫家馬奈、莫內、梵谷等人從當中獲得創作泉源，促進世界美術發展向前跨了一大步。十九世紀中葉以來，中國社會一直處於內憂不斷、外犯不止的動盪局面。即使處於多事之秋，我們先賢們為了拂卻數千年文化的塵垢，迎頭趕上西方，捨身忘軀地四出求學鑽研，發生了許多可歌可泣、感人肺腑的故事。然而，就整體而言，中國這個文明古國在近代東西文化交流過程中往往處於被動地位。

　　古人說：「知恥近乎勇」，處於二十一世紀前端，我們必須以發自內心的誠

懇，反省一百五十年來中國文化在東西文化相遇後所產生苦難、摩擦以致於中國文化再生的任何契機。東西文化在交融過程中，雙方的文化底層漸漸發生本質變化。然而，在中西文化交會的過程中我們往往過度強調自身文化受到衝擊時的不幸傷痕，諸如不平等條約、賠款割地等等，以致於忽視文化交融的必然性，忘卻了開放、包容的客觀立場。我們東方的文明在五、六〇年代後的法蘭西社會，確實發生積極效用，這種效用以鮮明立場豐富了法蘭西文明。法蘭西藝術學院的著名抽象畫家朱德群院士、前東方語文學院的藝術思想家、詩人、小說家程抱一教授的成就為東西文化的交融提供了積極又正面的典範與價值。

朱德群院士畢業於杭州藝專，師事二十世紀第一代留法的林風眠、吳大羽、蔡威廉、方幹民以及潘天壽。朱德群成為法蘭西藝術學院院士，為歷代畫家融會東西藝術的努力劃上完美的驚嘆號。他曾說：「藝術是相當微妙的東西，向前一步卻是相當緩慢。」朱院士不汲汲於名利，不攀緣權貴，不屈從現實，以生死以之的熱忱，將藝術化成生命的一環。他這樣看待東西藝術的融合：「譬如說咖啡加入牛奶，就不能再分出什麼是咖啡，什麼是牛奶了，變成第三種東西……。我認為一位畫家必須誠懇地去體會、瞭解東西方文化，自然就能將它們混合在一起。」朱院士從不標榜自己的天賦，而是勉勵後人：誠懇創造，用心體會，自然水到渠成。林風眠、傅抱石、劉海粟、徐悲鴻、嶺南三傑等等試圖融會東西藝術所播下的種子，終於開出燦爛的花朵。

法國文化以開放的胸襟，在戰後接納各國有志之士，程抱一教授以弱冠之年來到巴黎，經過近五十餘年鍥而不捨的努力，在藝術思想、詩歌、小說等方面深受各界推崇。他長年沉浸在中國詩歌、繪畫的研究，以嶄新的體會與創意，將新的氣息帶進中國思想中，為中國思想的出路探討各種可能性。二十世紀六、七〇年代法國開始興起了結構學這門新學問，哲學、社會學、心理學、人類文化學、語言學各領域綻放光彩。程教授的成就正是透過嚴密的結構主義，展現新的中國人文精神。程教授說：「在藝術和在其他方面一樣，和西方對話是必要而有益的。透過東西對話，使我們從因循陳套中走出來，重新觀審世界，重新省視自我，重新堅毅沈著地思考思想，去開拓足以收納實存的內心世界，重新把『外師造化，中得心源』作翻新的建構。」

或許有人會質疑：為什麼中國人一定要受到西方肯定才有價值？似乎這種論點在今天的社會頗為盛行。然而，處於今天世界文化趨向融合的階段，缺少融會東、西的氣魄而侷限一隅的人不足以適應世界潮流。氣魄與胸襟、才情與執著往往僅只少數人所有，正因為這樣他們超出有限的生命成就，達到至高成就。如果我們不對自身文化的優劣深刻反省，謀求創新進取之道，只是陶醉在五千年歷史的迷惘中，終將再次被拋卻於世界潮流之外。放眼看看埃及尼羅河文明、中亞兩河文明、印度恆河文明今天所處的局面，宛如白頭宮女話當年，道出無盡淒涼與滄桑。歷來中國

文化之所以出現危機往往因為封閉思維與坐井觀天的天朝思想。時間的不斷延伸並不意味著民族災難不再降臨，只有真誠反省自身積弊才能使民族文化可長可久。巴黎聚集對法蘭西文明起過影響的華人，我們在此不一一詳列；這些人當中，朱院士與程教授的成就不止深受法國人民敬重，也豎立起東西文化對話的良好典範，為中國文化的出路彰顯無窮可能，使西方人的東方影像從大和文化轉向中國文化。（P）

劈開混沌，再造大千──法蘭西藝術學院朱德群院士的繪畫世界

一九九九年二月三日，朱德群身著象徵智慧、文藝的鑲金桂冠葉及燕尾服，峨然地站立在法蘭西研究院（L'Institut de France）圓頂（La Coupole）下，發表法蘭西藝術學院（L'Académie des Beaux-Arts）的就職演說，數百人齊聚這座象徵法蘭西最高學術的殿堂裡，安靜地聆聽他的演講。一九一二年張聿光、劉海粟等人創設「上海圖畫美術院」（往後的「上海美專」），成為中國第一所現代化的美術專門學校。近百年後，中國人終於躋身創院兩百年的法蘭西藝術學院（加上其前身，創立於一六四八年的「皇家繪畫雕刻學院」已經有三百五十年）院士之列。當

● 藍影　油畫　73 × 92cm　1992

身著桂冠燕尾服、腰佩寶劍的朱德群。

1999 年 2 月 3 日朱德群在法蘭西研究院圓頂大廳發表就職演說，成為創院兩百餘年來首位華人院士。

天，藝術學院的尚‧卡爾多（J.Cardot）院士代表學院這樣介紹朱德群：「您的偉大人格為我們的學院帶來法國之外的嶄新光輝。」

在藝術家薈萃的巴黎，他何以能受到傳統深厚的法蘭西藝術學院的尊重與推崇呢？在法國這樣以自身傳統為榮的國家，並且是歐洲近代藝術發源地的國家當中，象徵法蘭西美術傳統的法蘭西藝術學院的院士選拔十分隆重，入選者也從無僥倖。特別是身為外國人，更必須拿出自己的本事，下更多耐心，沉著地面對傳統深厚的法國文化。嚴謹是朱德群給人的第一印象，與他奔放自如的畫風截然不同，判若兩人，然而其人卻與畫面所展現深厚精神

朱德群與夫人董景昭在家中陽台前合影

涵養相契合。他數次提到：

一位年輕畫家向老畫家維雍（J.Villon）請
教作畫的態度，老畫家說：「作畫要有耐
心，並且要誠實的工作。最難的是第一個
六十年，換言之，你要在六十歲以後，才
能得心應手，真正畫一點滿意的
畫。」……現在的年輕畫家都太急於成
名，少有肯下功夫的。我總覺得藝術首先
必須誠懇，不誠懇的話，騙不到別人，只
會騙自己。常常我對繪畫有新的感受和幻
想，並不是三兩天可能呈現到畫面上，往
往經過一段長的時間，甚而是幾年以後才
會表現出來。繪畫十分微妙而困難，向前
進展一步並不是想像的那樣容易。

● 玉干頃　油畫　81 × 65cm　1959

雖然朱德群身處海外已經四十五年
了。每次與他見面總是感受到他那溫和謙
沖的長者之風，面對他，心底如同浸潤了
中國的悠久文化傳統，感受到某種遙遠又
可貴的精神再現。他消化法國美術精神的
同時，也將滲透到他血液裡的中國文化精
髓自然而然地表現出來。當問起他初到巴
黎是何種感覺時，他面露微笑地說：

一九五五年五月五日坐船抵達馬塞，當天
晚上坐火車前來巴黎，次晨六點就到達
了。一出火車看到建築物都是漆黑的，直
覺真像是座大廚房。……吃過早餐就與景
昭到羅浮宮參觀，那時候還沒有貝聿銘所
設計的金字塔入口，印象派的作品就在一
邊的長廊。

朱德群十五歲進入杭州藝專，教授們
留法者居多，塞尚（P.Cézanne）、馬諦斯
（H. Matisse）等接續近代到當代的偉大畫
家們成為他的崇拜者。這些當代的大師在
這座世界藝術的「大廚房」裡烹飪佳餚，
端上世界藝術饗宴，豐富人們的視覺文
化。

四十餘年確實是個漫長的歲月，朱德
群可說是巴黎都市文明的見證者。他的繪
畫與巴黎都市文明一起成長，並且將巴黎
的體驗融入畫面當中。他興奮地這樣談起
如何描繪當時的巴黎：

一九五八年尚未經過戴高樂時代的洗刷之
前，巴黎市內建築的牆壁都是黑漆漆的，
尤其是冬天，加上陰雨、霧氣，牆壁都是
黑的。初覺奇怪，然而住上一年，就很喜

歡，覺得這種黑色牆壁富有層次，相當耐看而美，所以一九五〇年代的抽象畫作品很多用黑顏色，可能受環境氣氛的影響。

朱德群的創作從沒有與他對周遭的感受脫離。剛進入杭州藝專，每年可以畫上五百張寫生、國畫等作品，抗日戰爭隨著政府四處播遷期間，更是走遍名山大川，每到一處就將山川景物形之於畫面。中國傳統的藝術觀認為：藝術家必須行遍名山百川，丘壑內營，將自然山川之體驗化成精神的一部分，並且以詩書來涵養性情，提升心靈境界，如此才能表現出氣韻生動的作品。正如同明朝董其昌所說的：「不行萬里路，不讀萬卷書，欲作畫祖，豈可得乎。」朱德群了中國各地的名山大川，到了台灣也孜孜不倦深入高山峻嶺尋找靈感，來到巴黎更充分吸收當時最新、最前衛的藝術，自由自在地融入整個時代潮流當中。

五〇年代是東西藝術接觸以來，初次藉由當代的展覽形式，展開最有系統且交流最頻繁的時代。中國大陸因為採取蘇聯寫實主義的藝術政策，自成另一種風格走向。然而，在台灣、日本、韓國這些漢語系文化圈，卻因直接面對美國的強勢政治、經濟以及蓬勃的文化活動，一時之間

❶ 震撼　油畫　130 × 97cm　1998

陷入進退失據的窘困。對於當時的東方藝術家而言，如何瞭解西方當代藝術？如何讓東方藝術的精神不被西方藝術所淹沒？如何讓東方的藝術重新站起來？如何讓東西方藝術有交會的可能？都是當時東方藝術家所刻不容緩的課題。就中國繪畫發展的進程而言，二次大戰前，林風眠、劉海粟、徐悲鴻這些最早引進西方繪畫的畫家，往往回歸到以中國繪畫的工具，採用西方的透視法、歷史畫主題的表達手法來更新傳統繪畫的外貌。其實這種傾向依然

● 神祕之地　油畫　195×260cm　1980

是嶺南畫派的延續。戰後，日本的前衛書
法與歐洲經由安東尼・塔皮埃（A．
Tàpier）所倡導的「無形藝術」（L'Art
informel）開始合流，產生巨大影響。這
種東西藝術交流的文化背景是西方「存在
主義」思潮對於人性價值的探索，而東方
宗教適時地提供了他們的解決之道；影響
所及，在東西繪畫融合上也留下輝煌燦爛
的一頁。當時，戰後的日本藉由政府的力
量，推動東西藝術的交流，這一力量來自
關西地帶所興起的「前衛書法運動」。一
九五五年夏天，巴黎蒙索公園內的塞繆奇
美術館（Musée de Cernuschi）舉行盛大
的日本前衛書法展覽，這一展覽促使歐洲
的年輕畫家藉由書法這門抽象藝術進一步
瞭解到東方藝術。海倫・維茲格茲

（Helen Westgeest）的《禪在五〇年代─東
西藝術的互動》（Zen in the fifties ─ inter-
action in art between east and west）中，以
「禪思想」說明五〇年代東方思想對西方的
影響。在中國，禪思想與老子、莊子結合
為一，不只產生宗教哲理，也產生文藝思
想，並且經由文人對於「禪」與「老莊」的
體會產生更豐富的精神內涵，於是禪與老
莊往往交融成趣；然而在日本則傾向於禪
宗的宗教層面。

　　朱德群到巴黎首先是到羅浮宮去觀賞
印象派的作品。這時候他的繪畫正好從後
期印象派走到野獸派，正試著找尋一種更
自由的表達方式。他初到巴黎不到一年，
除了早已蓋棺論定的大師之外，誰是當代
名家並不清楚，然而一股飢渴的求知熱忱

驅使著他到處吸收養分，並促使他在隔年展覽上的繪畫創作上出現了根本性的變化。他說：

一九五六年春天在巴黎國家現代博物館（Musée national d'Art moderne）舉行尼古拉・德・史代爾（N.de Stael）回顧展，我去觀賞，衝擊很大。因為我在台灣畫的有一批關於八仙山山林的作品已經有中國畫與野獸派的風格。我一直追求繪畫要越畫越自由，所以當我看了德・史代爾的作品給我很大興奮。這種無形繪畫，必須靠自己的幻想力，完全沒有限制自由發揮，有才能的畫家即有無限的前展性。基礎好更可畫得深入。……德・史代爾的回顧展，給我很大的啟示，深感抽象繪畫的自由宣洩，遠在其他流派之上，使我對自己有形的繪畫興趣降低了，到此之後，慢慢向無形的繪畫研習。

事實證明了這位年僅四十一歲就自殺身亡的畫家，現在已成為抽象繪畫發展史上舉足輕重的畫家。朱德群就這樣確立了自己所要走的道路，而且這條道路與他所嫻熟的塞尚繪畫所呈現的現代性準確地連接在一起。喬治・布代耶（G.Boudaille）在一九六三年「希麥斯」（Cimaise）上這樣評論朱德群的作品：「形體全然是西方的；形體完全出自巴黎畫派的最卓越藝術家的經驗，然而，朱德群使形體從原像中掙脫開來。」德・史代爾的衝擊，讓朱德群找到自己所要表達的創作方式，於是，他不到幾年就充分掌握了西方當代繪畫的表達語言。當時西方有不少畫家受到東方直接或者間接的影響，諸如尚・米羅（J.Miro）伊維・克萊恩（Y.Klein）、漢斯・哈同（H.Hartung）、喬治・馬丟（G.Mathieu）、皮埃爾・蘇拉吉（P.Soulage）、皮埃爾・亞勒欽斯基（P.Aleckinsky）。然而，這位遠

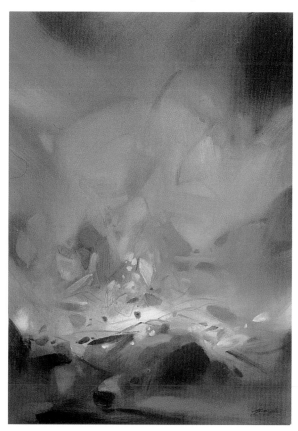

● 溫柔之光　油畫　100×73cm　1991

● 朱德群在書法作品前

來的東方畫家並沒有被他們所迷眩,而是透過德‧史代爾的啟發,走向抽象主義的

● 微妙的雲　油畫　200×200cm　1991

道路,深一層地探索抽象繪畫的深沈世界。事後他這樣追述自己當時如何回應時代潮流:

老實說我是一位畫家,自從進入藝專到現在,並沒有想要利用禪的思想或者其他思想來從事創作,而是根據自己的感受,一路走下來完全在中國繪畫系統這條路上。中國繪畫最輝煌的時代在唐宋,中國繪畫與歐洲的發展完全不一樣,譬如說文藝復興或者之前,他們就是要再現對象,露骨點說就是「畫這杯子就要像杯子」,但是中國人從沒有這種想法。在唐宋,中國的繪畫思想,以范寬、李唐為例,繪畫大都是在文人的圈圈裡,然而歐洲則在技工手中,所以角度就不同。譬如范寬的〈谿山行旅圖〉,我們從不曾在哪裡看到過這些山,因為中國畫的畫家是看東西有所感,將自然與感情會合在一起,變成另外一種感情,變成另外一種想法、感觸。中國人的繪畫一直蘊含著抽象意涵,只是沒有講出而已。畫人物,就那麼兩三根線條。繪畫已經不是寫實,真正的自然與畫出來的作品之間有很

大一段距離，這段距離被畫家所消化了，消化能力就要靠畫家的修養了。當我來到歐洲以後，看他們的抽象畫，馬上就感到非常接近中國的文人畫。歐洲到了浪漫派之後才慢慢地接近中國的繪畫思想。其實東西方走的路子是一樣的，只是中國人發展得比較早而已。

他一方面融入巴黎畫派的大環境中汲取創作滋養，然而與生具有的傳統文化涵養卻又勾起他無限的「鄉愁」，一九六一年開始畫水墨畫，一九七八年開始練習書法，藉由書法補強了西方藝術中線性完整度的不足，他以深沉的文人內涵，走向融會東西藝術的道路。朱德群在杭州藝專的老師林風眠、吳大羽都充分地瞭解到塞尚繪畫的當代價值；國畫老師潘天壽的畫風出自八大山人，更是延續文人繪畫疏簡灑脫的傳統。對於前人在傳統與現代、東方與西方的藝術課題上，他做這樣精闢的回顧：

林風眠在重慶，住在嘉陵江邊，用中國筆墨畫了很多江中帆船的寫生水墨畫，已不是平常看慣的中國畫，也不是純粹的西畫，他似乎嘗試把西畫融會在國畫裡。……後來我到法國看到潘玉良、常玉的作品，他們在法數十年，他們的油畫、人體、靜物在構圖及素描上，很明顯的看出有中國字畫以及花卉的用筆和形象，好像又進了一步，使中國書畫與西畫的融會。

朱德群從前人所走的道路上更向前跨了一步。他從周遭觸目可及的街景開始著手加以抽象化，具象繪畫的素描輪廓線變成了抽象繪畫中粗壯有力且近乎直線的曲線運動。一九五〇年代後半期的風格中，色面顯然受到德·史代爾的影響，但是線條的強韌度則又超出他的領域，這似乎標示著這位中國畫家往後的重要發展歷程。一九六九年荷蘭阿姆斯特丹舉行「林布蘭特三百年展」（L'exposition du tricentenaire de Rembrandt），他在會場盤旋一整天，是他觀賞繪畫作品最感動的一次。他幾次這樣難掩興奮之情地說：

林布蘭特的作品，到了晚年可謂爐火純青，他發揮的自由度到了隨心所欲的十全十美境界，繪畫性也達到最高峰。

這次展覽帶給朱德群巨大的刺激。他深深覺得林布蘭特雖然逝世已經三百年了，然而動人之處卻比當代的大師更深一層。因此他愈加堅信繪畫並非一種潮流，而是人類精神的深沉「內涵」。

朱德群對於塞尚的現代價值與意義早已了然於胸，對德·史代爾的抽象繪畫精神與技法也異常嫻熟，問題是如何使自己的抽象繪畫具有更高深的內涵。他說自己不善於分析自己的作品，而是經過他不斷地創作，印證到中國藝術的珍貴理論。他常提到唐朝張璪所說的：「外師造化，中得心源」，以及范寬所說的「與其師於人，未若師於物；與其師於物，未若師於心。」造化與物所指的是大自然，心源所指的內心的心靈向度。然而，問題是傳統的中國藝術家如何看待大自然，以及大自然與心靈之間具備何種關係呢？

老子《道德經》可說是最為原始的詮

釋，十七章「功成事遂，百姓皆謂我自然」，二十三章「希言自然」，二十五章「道法自然」，五十一章「夫莫之命而常自然」，六十四章「以輔萬物之自然而不敢為」。老子書上共出現五處自然。最常被引用的是「道法自然」，在此所說的「道」是抽象性的事物形成法則。「法自然」是指依據所與對象之如實姿態而不相違。因此，「自然」並非經驗層次的大自然，而是超知覺的自然。就宇宙生成論而言，「自然」是指天地宇宙尚未形成之前的窈冥的生命根源，也就是老子所說的道的本體，並且是尚未經人類賦予秩序的所謂混沌之物。所以構成老莊思想中心的

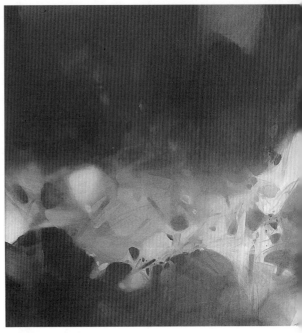

● 影之邊緣　油畫　200 × 200cm　1994

「無為」，正是以自然為依歸。因此，中國早期所提到的自然都含有形而上學的崇高意涵，而非泛指普通的大自然，也正因為這種意涵，才能讓中國繪畫走向寫意而非寫實的路線。

　　因此，中國繪畫往往簡化造型的形式意義，朝簡練的線條發展。他們所要表現的自然並非「自然而然」的自然，而是畫家以書法的筆意表達的大自然感受。漢代揚雄在《法言》中提到：「言，心聲也；書，心畫也。」揚雄指出書法與言語同樣能表現抽象性的心靈活動，亦即表現心中的感受。「心畫」就是說書法可以表達寫作者的心中情感，如同畫家描寫對象一般。朱德群往往感慨西方藝評家僅能透過學理理解到中國的書法，卻少能意會到書

法作品的深層內涵。他攤攤手後，這樣說：

書法首先是用筆，其次是構圖，寫字要有主筆，有輕重，這就是繪畫，我覺得書法就是繪畫，每個字的組合當然重要，此外整篇字也是如此，因為這是整體的東西，所以書法除了筆墨之外，整體可以表現出另一種含意。

　　藝評家皮埃爾‧卡班（P.Cabanne）注意到朱德群繪畫中的神秘氣息與書法表現有密不可分的關係。他說：「西方人很難理解書法對中國畫家以及後者所表現在習字中之重要性。朱德群正是透過書法深深地與他的國家、傳統發生關連。」然而誠

如《東方藝術》（Oriental Art）作者賈克‧希列（Jack Hillier）所指出的，中國書法是「東方最後的審美堡壘。」朱德群面臨到如何使透過繪畫純粹性完成書畫融合的現代繪畫的挑戰。就藝術史的發展進程而言，傳統中國繪畫的「書畫同源」理論中曾經就此提出過解答，並且在文人畫的悠久歷史中獲得很高成就。然而就當代的繪畫創作的角度而言，近代中國繪畫卻面臨表現形式與時代精神之間的嚴重落差，以致往往無法有效回應來自近代西方繪畫藉由塞尚以後所獲致的繪畫純粹性的課題；而且，即使是西方繪畫，線條的獨自完整度依然不高。也就是說，朱德群面臨到藝術史上破天荒的線條革命。

在傳統書法理論中蔡邕最早賦予筆法的抽象內涵。他在《筆論》中提到：「為書之體，需入其形，若坐若行，若飛若動，若往若來，若臥若起，若愁若喜，若蟲食木葉，若利箭長戈，若水火，若雲霧，若日月，縱橫有可象者，方得謂之書矣。」書法筆畫與自然影像相契合，一點一捺都含藏無限的生機。卡班進一步說：「朱德群的畫來自遠方，遙遠的地方，就像他的書法一樣；同時它們卻也相當接近我們。」朱德群的繪畫充滿律動感，即使西方人也都被這種根源於內心世界的最單純的「內在性時間」所打動。中國傳統書法的理論早已被他加以活性化。所謂「點畫出入之跡，欲左先右，至回又亦爾」的回鋒原理，收筆原理的「畫點勢盡，力收之。」線條與線條之間的構造關係也如同字形筆畫之間的關係一樣，組成一個有機體，「形不變而勢所趨背，各有情態，以

一為主，而七面之勢傾向之也。」整篇文章則如「一字書」，行氣淋漓。因為他充分瞭解中國書法的精神，使得他的作品達到「違而不犯，合而不同」的高度和諧感。「違與犯」、「合與不同」正是「陰陽」哲理落實到空間當中的「虛與實」的辯證關係。

自從前衛書法引發西方藝壇對書法的高度重視，再度掀起東方熱以後，僅僅不到十年的時間，日本的前衛書法就已經退潮了。前衛書法的挫敗究其原因是，高度追求抽象性的筆墨趣味，卻忽略了線條在時間意涵中的深度，加上字形符號與抽象造型之間缺乏明確的定位。就這一點而言，似乎蘇拉吉、哈同超出前衛書法的領域，較其卓越。而且，朱德群很早就意識到以文字入現代畫，難避取巧，眩人耳目之嫌，其結果是線條喪失了自發性，變成裝飾文樣。因此，就線條的完整度以及情感宣洩的自由度而言，顯然朱德群又高出前兩者。經歷數十年的創作之後，朱德群以創作達到了中國繪畫精神的崇高意境。他眼睛微閉後，接著說：

我在畫的時候就已經不再想了。真正的構思、體會是在畫畫之前，尤其是在晚上，睡醒了也會反覆地想。因為作畫的時候是一種感情衝動，有些人說從我的畫面可以體會到感情的流露，我想真誠的熱情是可得到人們的共鳴。即使很大的畫面，我幾個小時就能夠畫成第一遍。這完全是中國人所說的一氣呵成，外國人所說的Souffle。這是直接的，衝動得氣都喘不過來；之後，畫未完整之處，再做多次的修

改，改畫就是基礎問題。這如同是寫文章一樣，寫完之後，所要修改的是字句。真正的畫家表現是第一遍，是直接的創作；寫文章也是如此，第一遍之後斟酌字句，這是文學修養的問題。

對朱德群而言，藝術創作並非表現大自然的外貌，而是表現自然與五官融合為一的狀態下所湧現的情感。此時，大自然變成藝術家創作其作品的素材。當藝術家觸及心靈的深處時，並非描繪自然的外貌，而是藉由書法線條描繪心中影像。「觀夫張公之藝，真道也。當其有事也，已知夫遣去機巧，意冥玄化；而物在靈府，不在耳目。故得於心，應於手。」張璪的藝術境界與道的境界不謀而合，他能寫出「萬物性情」，將對象最根本的精髓呈現出來。這種對象不是眼睛耳朵所能直接看到、聽到的東西，而是經過不斷地觀察體會，融入自己的心中，達到物我兩忘的境界。

朱德群深深地體會到「心」的大權大能。而且這種心能夠映現天地萬物的根本性。他將大自然的元素加以最根源性地還原，正如同塞尚將大自然還原成橢圓體、圓椎體、四方體一般，他將大自然歸類成天地與陰陽。光線分出陰陽與天地，宛如中國神話傳說的盤古劈開天地，創造大千世界，類似聖經中的光行走於水面，賦予萬物生機。確實，朱德群詮釋了東西方最根源性的心靈世界。他通透淋漓地將情感衝動訴諸彩筆，與萬物真靈對話，直探幽渺的意識深淵。

引發我作畫的衝動，是直覺上恍恍惚惚的一片不具象的影像，唯其是恍惚，所以才有畫的必要。若問那恍惚是什麼？我自己也不知道，或許老子在思維上早已感覺到了吧！他為恍惚下了一個定義說「無物之象，謂之恍惚」。讓恍惚歸於恍惚。

問起他何時達到這種境界時，老院士啜了口茶，陷入沉思，「大概一九八五年開始吧！」接著露出悠然的神情。我們不禁想起老子《道德經》上說：「道之為物，惟恍惟惚。惚兮恍兮，其中有像。恍兮惚兮，其中有物。」作為存在物的人，只有在這種影像恍惚，也就是「物在靈府」的狀態下，同時也是「得於心應於手」的狀態下才能感受到的景象。這種境界正如同莊子所說的：「以神遇而不以目視，官知止而神欲行」的境界。

來到巴黎後，朱德群的繪畫不斷在突破，不斷地深化情感表現，於是風格呈現出豐富多彩的變化。初期，他以巴黎街景所做的具象繪畫的系列作品中，虛實、明暗、充實與疏簡、壯碩與纖細並陳。當他觀賞了德·史代爾的回顧展後，畫風急速轉變。線條擔負起分割色塊的功能，構造味道相當濃厚，變成形象消卻後的若有若無的對象與對象之間的臨界面。線條的表現與色塊之間產生互動，線條的量感開始增加，書法筆觸反而沒有早期作品那樣強烈。在觀賞林布蘭特展覽後，風格又再次轉變。大塊面的色塊取代了單純的粗細線條，轉化成動感十足又氣勢磅礴的色面。線條不再是單純的黑線，而是多彩繽紛、鮮豔動人的。光線與線條、色彩相互呼

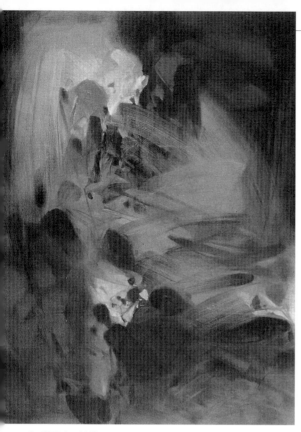

● 藍宇宙　油畫　240 × 200cm　1996

文人畫的內在情感所展現的書法性線條，兩者的發展歷程相呼應，達到了「人書具老」的境界。線條、點畫在空間上不斷地躍動、拮抗，這樣的關係如同書法中的違與和、主與次、欹與正、虛與實、斷與連的一連串辯證所獲致的統一。這種統一給人感受到視覺之外神秘氣息，恍如聽到天籟。莊子描述庖丁解牛時的狀態：「騞然嚮然，奏刀騞然，莫不中音。合於桑林之舞，乃中經首之會。」藝進於道的境界，展現出音樂性。這也就是為什麼朱德群的繪畫會強烈地具備神秘音樂效果的原因。

繪畫表現最難能的是心手相合而相忘。「手」乃屬於技術的實踐意涵，意味著繪畫表現的形式。朱德群的抽象繪畫重視的是精神內涵，而非形式的表現。他認為繪畫必須要有良好基礎，然而繪畫創作的圓熟度，出自於高度的精神修養。他欣然而笑地說：

除了繪畫本身技巧描繪修養之外，一般的文字、哲學、知識應該也包含在內，到繪畫成熟階段是思想問題，這些學養越是重要，因為可使繪畫豐富深厚，畫和其他學術一樣，先要融會，再加以貫穿。

中國畫家往往十分戒慎自己，切勿掉入技法的迷思當中，儘量往精神內涵方面發展。其結果是，自然而然地，將藝術推

應。林布蘭特的光線帶給朱德群畫面上的多重空間感，這種空間感經由有機性的線條、透明的色感、強弱的明暗對比將畫面構成更為神秘的效果。即使點、滴或者色面也漸漸變成虛實互生、強弱互見的有機性線條。顏色往往以青、綠、花青為主。這些顏色都是中國北宗「青綠山水」的主色。他將中國的色彩與西方印象派所發展出科學的色彩觀念融合起來。一九八○年代中期以後，朱德群繪畫中，明與暗、靜與動、正與反、直與曲、主與次、虛與實、斷與連……等等成對關係，趨向高度自由的精神性統一。從色面到以線條為主軸的發展歷程，與中國繪畫當中從造型到

向出崇高的道德、宗教境界，也就是天地人三者的合一境界。這時候的「人」或許就是莊子所說的「至人」吧！莊子在〈齊物論〉中提到：「至人神矣！……乘雲氣，騎日月，而遊乎四海之外。死生無變於己，而況利害之端乎！」至人已經忘卻世間事物的正反、對立、陰陽等等矛盾，達到心靈逍遙的無上感受。瞭解朱德群的繪畫，或許必須從這種根源性的存在論上去體會吧！

老子在《道德經》上提到：「道生一。一生二。二生三。三生萬物。萬物負陰而抱陽。沖氣以為和。」朱德群在作品中傳達了生命與自然相容而不背的根本特質，亦即陰陽合成時「沖氣以為和」的境界。他在作品上運用光線、型態、律動表達自身對於森羅萬象的大自然之感受，傳達出陰陽互動後主客合一的和諧境界。法蘭西藝術學院的就職演說中，他這樣地指出：

我意識到想要在此傳達漢家之子的特別訊息：身為漢家之子藉由《易經》哲理中的陰陽這兩種無窮遞變的東西，呈現其兩種根本且互生的要素，陽是熾熱、光明的，陰是幽暗、濕潤的。這種二元性產生上述的無窮盡宇宙，同時這種二元性也融會了承續自西歐繪畫的鮮豔色彩與抽象繪畫所開啟的自

由形體。自然是我的唯一靈感泉源，而其較佳的表現方式是抒情的。創造根源於純粹的自發性：依據道家格言，自發性乃在於「抒發胸中逸氣」。其結果是我的畫布上獲致這樣的繪畫語言，亦即色彩與書跡—絕非同時地—趨向相同目的：喚起光線、型態與律動。

從朱德群的作品發展中我們可以清楚地看到，他從中國畫家，譬如范寬，從西洋當代傳統，譬如林布蘭特、塞尚、德·史代爾的繪畫中找到自己的立足點。當向他問起林布蘭特與巴洛克巨匠魯本斯（P.-P. Rubens）之間的差異時，他神情肅然地說：

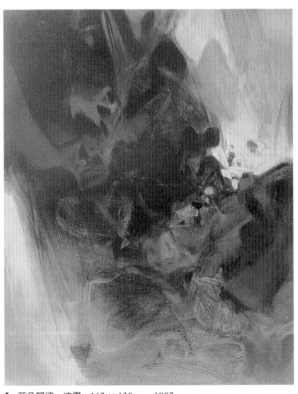

● 藍色韻律　油畫　162×130cm　1997

林布蘭特的畫比較實在、虔誠，因為林布蘭特是位虔誠的教徒，他的畫面上的光完全是一種虔誠的宗教的光，不是自然的光。魯本斯的作品雖然技巧很好，然而在內涵上林布蘭特就高明許多。這是出自林布蘭特對於創作的誠懇以及對於宗教的虔誠。所以我常說畫家要有修道的精神，必須穩紮穩打，不然騙得了別人卻騙不了自己。時間是殘酷的，卻也是很正義的。因為時間會沖洗掉一切，將來只有作品會替自己說話。

五〇年代東西藝術在系統性交會時所激起的熱情火花似乎已經過去了，然而，其實這種交融還在不斷地進行著，這種對於中西藝術精神、形式異同的探討還將不斷地在不同藝術家身上出現。朱德群的繪畫作品中，從塞尚構造性的造型到中國山水的虛實、筆觸的融入，從德‧史代爾的抽象繪畫到嚮往北宋山水抒情的自然意象，從林布蘭特的光線到陰陽交感的景象，為東西藝術交融的藝術史提供寶貴訊息。如果我們站在東西藝術交融史的角度，將更能夠深刻地瞭解朱德群在世界藝術發展史中的地位。關於東西藝術的交融，他語帶平和地說：

很多西方人看了中國繪畫就說是中國的，中國人看西方繪畫就說是西方的，現在世界變得愈來愈小了，一個畫家應該把中國文化徹底瞭解，同時也徹底瞭解西方，自然地思想就能產生融合。譬如說咖啡加入牛奶，就不能再分出什麼是咖啡，什麼是牛奶了，變成第三種東西，也就不用刻意去提倡，刻意去做了。我認為一位畫家必須誠懇地去體會、瞭解東西方文化，自然就能將它們混合在一起，所謂東西方的隔閡，並不是問題。

朱德群認為中國是個出藝術家的國家，蘇聯則是出音樂家的國度，將來中國還會出現一些偉大的畫家，所以他殷殷地囑咐有志於藝道的年輕人，不要急於成名，必須耐久持恆，誠懇地、孜孜不倦地創作，終會有成。

朱德群與夫人董景昭來到巴黎已經四十餘年了，他默默創作，不忮不求，夫人深具傳統中國婦女的賢慧美德，相夫教子，兩人胼手胝足，甘苦共嚐，建立起令人稱羨的藝術家庭。當他們初到巴黎時，市外依然麥壟連綿，然而現在萬頃良田都已化成棟棟高樓、別墅，開出條條寬敞的馬路，宛如滄海桑田。當時的數萬藝術家中，少數名重藝壇，有些早已棄筆，而多數依然沒沒無聞，一九九九年二月三日，法國以及遠自異邦而來的仰慕者，群聚法蘭西研究院的圓頂下，傾聽新科院士朱德群發表就職演說，共同見證東西文化交流的輝煌史頁。他的藝術成就使得東方繪畫精神受到傳統深厚的西方美術學院所肯定與推崇，豐富了法國文化的內涵，為巴黎的都市文明創造另一種幽玄的東方品味。朱德群所寫下的這頁東西文化交融的歷史，將帶給美術史家諸多思考，也為繪畫美學提供無窮啟示，為後代畫家建立起了一個優美的典範。（P）

時光飄逝，文化長流浩浩蕩蕩，文藝復興後的歐洲文明在法蘭西開花結果。這朵奇芭葉瓣勻稱，華枝猗猗，臨風款款，散發出幽然淡遠的芳香。她植根於西歐中心，不斷吸納異國滋養，凝縮著人類智慧，綻放著深邃的人文精神，為人類文明融會展現出應有樣態。

在這種融會過程中，來自遙遠東方的炎黃子孫，也為法蘭西文明進程付出不可磨滅的貢獻。他們藉由法蘭西豐厚、開放的土壤，為人類文明的延續提示生生不息的生命力。一個初夏午後，程抱一

● 程抱一近影

（François CHENG）教授在他那依偎著巴黎十二世紀最古老城牆遺跡的居所裡，為我與友人郭凝、內子媛芊開陳豐富多彩的生命世界。我們的話題相當廣泛，涉及這位思想家、詩人、小說家的生命世界以及數十年來對中西文化本質、藝術精神的體會，從他的言談舉止中，我們彷彿見到東方古典人文精神的再現，為每一瞬間所消逝的生命接續了無窮的可能。

法國的教授資格向以嚴格著稱，程教授是第一位法國的華人教授。他的《中國詩歌語言》（L'écriture poétique chinois, 1977）是世上第一部以結構主義研究古典詩詞的著作；《虛與實》（Vide et plein, 1979）更被譯成各國語言，成為研究中國繪畫思想的經典之作。這本著作可以說西歐當代藝術家無人未曾讀過，並承受其影響。他舉止優雅，風度謙遜慈藹，言談生動而哲理雋永，在藝術思想、詩歌、小說各領域都卓然有成，深受各界敬重。現任總統希拉克（J.Chirac）熱愛中國文化，一次度假攜帶程教授成名作《中國詩歌語言》、《虛與實》同行，讀後大為讚嘆，歸來親筆謝函致問。隔年一九九八年，程教授以《天一言》（Le dit de Tianyi, 1998）獲得法國當地小說最高榮譽之一的「費明娜獎」（Prix fémina），並以〈石濤──生命世界的滋味〉（Shitao :la saveur du monde）榮獲藝術評論至高榮譽「安德烈‧馬爾羅獎」（Prix André Malreau）。他的詩歌沉

鬱空靈，被選入「佳麗瑪出版社」（Gallimard）權威性的《二十世紀法國詩歌選粹》（Anthologie de la poésie française du ＸＸ siécle）。一九九九年希拉克總統為褒揚程教授在學術上的貢獻，頒贈國家榮譽騎士勳章。

一九四八年十二月三十一日，程教授渡航來巴黎，後因國內政局動盪，家庭離散，孤懸海外。當時他年方二十，困頓失措，學業、情緒、經濟都

● 程抱一與夫人梅林遊覽上海時留影

遭受極度折難，茫茫無助之際，仍堅定向學意志。程教授說「心中長存一把熾熱的火」，處於任何絕境都義無反顧地對生存的苦境殷殷思索。他頗有感慨地這樣追憶著過去：

生命本身是一種奇蹟，我從未想到自己會活到今天。對日抗戰避難四川，友人因肺勞多有早逝，我總想著自己也難逃一劫。在這種成長過程中，我不斷追問著存在的價值是什麼？我深知自己是位憂鬱（mélancolie）的人，每到黃昏總情不自禁地湧現難以言說的苦悶。儘管如此，生命的元氣始終在我心胸迴旋，使我不得不朝向大開。我終於成為一個人類苦難的見證者。我說見證者並非指純粹的旁觀者，而是以親身經歷的感受見證人間的一切浩劫與傷痛。

確實，這種憂鬱正是詩人的固有特質之一。離離草原都足以觸動詩人的憂傷心靈，使他感受到淒淒別情。然而，他能從大氣中感受到生命的脈動，從枯槁寒林裡嗅到早春的登聲，從冰冷石塊上觸摸到蠕動的氣息。希望與失落往往是詩人漂浮於洪荒世界的特有心境。詩人的情感世界無所不在。正因為這樣，詩人憂鬱，詩人感傷，又正因為這樣，詩人將自己的心靈擣碎，化成宇宙的一部分，重新做過！我們眼前的這位老詩人，語露堅毅地說：

其實，詩歌世界是詩人洞悉生命奧秘，瞭解「原生」的幻想空間。我透過詩歌與大自然對話，這種對話是一種生命對話，從這種對話過程找到了生存的可能。因此，我的詩歌並非生命的絕望輓歌，而是發掘生命奧秘，質問生命對我們所做的許諾（promesse）。

● 《和亞丁談里爾克》
（1972，台北，純文學出版社）

● 中國詩畫雙璧《中國詩歌語言》（1977，巴黎，Seuil）、
《虛與實—中國繪畫語言》（1979，巴黎，Seuil）

　　大自然變化莫測，無止息地生成演化使萬物之靈的我們難以直透其緣起緣滅，難以瞭解其變易輪替的奧秘。這麼大的未知數往往讓人類感到任何營為都是多餘的；只是，中國人面對繁複多變的大自然，並沒有懊悔、失落、掙扎、嚎哭，萎然掉落到失望深淵，而是進一步追問生命的起源何在。耶和華為祂的希伯來子民立下誓約，永保其子孫昌盛繁衍。然而，中國人卻從大自然中發現宇宙運行不墜的道理。「一陰一陽之謂道。繼之者善也，成之者性也。」（《周易繫辭》）陰陽相推而變化，生命就足以繁衍而不息。程教授沈默半晌後說：

李商隱的「春蠶到死絲方盡，蠟炬成灰淚始乾。」或者「滄海月明珠有淚，藍田日暖玉生煙。」道盡了對生命極限的執著，他的情感世界洋溢著面對生命的苦惱，然而並不曾失去生存希望。同樣地，我並不只是宇宙中的生命遊魂與人間界的浪跡者，而是一位生命真實面貌的探索者，一息尚存，不斷探討，不斷追求。

　　確實，每個人都有情感的痛苦，然而當情感深入生命深處時，情感就有了另一層意義與價值。人們有權以自己的方式面對情感，其結果卻是千差萬別。假使對於生命沒有高度認識與熱愛，其情感就缺乏深刻內涵而流於官能層次。存在本身就是一種奧秘。生命無所不在，然而生存必須是一種自我的挖掘，如同岩縫迸出的小花，生冷堅硬的岩石限制她的養分攝取，炎熱的陽光奪取她的水分來源；她所處的險惡環境，讓我們時時擔憂她即將香消玉殞。即使這樣，她依然綻放花朵，妝點貧乏單調的荒野。我們不由得讚嘆其堅毅的生命力，一朵小花在智者眼中映現出生命

之美的縮影。程教授說：

關於生命的價值，我願意提出一個乍看起來過於單純的衡量尺度，那就是生命本身。是的，在一切慾望、情感、理性、道德信條之上——這一切當然各有其必要性，都必須給予其應有的地位——我願意把那有朝一日出現在宇宙中心的「生命」作為最高價值標準。正因為我們每人都有朝一日被投身入生命的大探險中，這標準乃較其他個別成份更能令人折服、首肯。不用說，此處所指，不只是那苟延殘喘式或無謂延長式的存在：「真生」是那自始就包容了一切形成可能、創造可能的開啟而向上的大程序，也就是我們最早哲人所本能直覺到的「道」。從這角度看來，任何桎梏生命，壓榨生命，抑止生命開啟、向上的都是惡的。相反，任何真實趨向生命的，包括仁、義、慈悲、愛等都是善的。

程教授自幼羸弱多病，深感生命的延續時時都可能遭受催折。髫齡時輾轉遷徙而生惻惻離情，無情戰火的催折、親朋故舊的亡故，悽悽啜泣；以弱冠之年遠颺來巴黎，茫然前途，艱辛茹苦。他用自己的肉體親自體驗潑灑到身體上的世間冷暖，用心靈去領悟籠罩在自己周遭的現實與幻想、生與死，甚而墮落與超昇的內涵。他的學問與自己對生命的認知合而為一，發展出具有生命內涵的美學思想。他的美學首先從反省中國的本體存在論出發。他神情肅穆地這樣說：

● 《法國七人詩選》（1984，長沙，湖南人民出版社）

● 《神遊——千年的中國繪畫》（1980，巴黎，Phus）

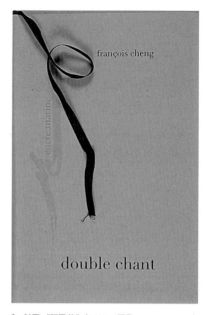

● 《夜動－法國當代詩人亨利‧米修作品介紹》（1985，台北，歐語出版社）

● 詩歌《雙歌集》（1998，巴黎，Encre marine）

如果我們欲以極簡的方式來談中國思想特質，我願指出一點，就是道家極早以直覺敏感領會了的「三」。老子在《道德經》上講到：「道生一，一生二，二生三。萬物負陰而抱陽，沖氣以為和。」歷來，諸如《淮南子》、司馬光、魏源都指出「三」就是沖氣。然而他們的觀點向來受到忽視。據我的看法，二是陰陽，三是沖氣，經由陰陽的合成就產生三。那麼沖氣是什麼呢？它來自元氣，是生命的實際狀態。生命因為沖氣之不斷踴躍、滲入、調整、建構而得以產生活力。然而這種活力又並非只是年輕人身上所展現的那種精力充沛的活力，而是具備足以生生不息的宇宙的根源性活力。

程教授舉出傳統中國的沖茶例子說明沖氣狀態。譬如執壺由高處將熱水沖入杯中，藉由衝力使得茶葉在杯緣迴旋，不斷轉動，於是就有了動態。生命的根本狀態正是宇宙生生不息的狀態，這就是三，亦即沖氣。陰陽互動產生了三，亦即二生三，然而二高於三，陰陽互動而產生精神的昇華。確實，生命之所以綿延不絕，並非生命具備了某種終點，相反地生命具備了某種足以永恆的特質。小至蜉蝣的繁衍，大至宇宙的週行不怠，都是超出我們視覺之外，而必須由心靈徹底去體驗的神秘力量。這種周遍宇宙的力量存在我們肉體中，又超出我們肉體之外，如同我們呼吸一般，吐納內外，構成一種生命的奇蹟。他緊接著說：

「三」的觀念在儒家化為「中」。在儒家之

前，中國思想就以「中」為主。『尚書』〈大禹謨〉上面說：「人心惟危，道心為微，惟精惟一，允厥其中。」所談的就是「中道」思想。孔子說：「吾有知乎哉，無知也！有鄙夫問於我，空空如也，我叩其兩端而竭焉。」孔子面對知識淺陋的人，表現出誠懇謙遜的態度。他首先從事物的前後關係探求其本末所由，進一步找到最圓滿的解決之道。因此，真正的「中」乃是「三」，並且出於「二」，因此「中」是事物的最高準則。

孔門之教，簡而言之是中道。孔子讚嘆中庸是天下的至高準則。《中庸》裡對人心與世間萬物的關係說得更是透徹，「喜怒哀樂之未發，謂之中；發而皆中節，謂之和。中也者，天下之大本也；和也者，天下之達道也。致中和，天地位焉，萬物育焉。」所謂的中就是人們情感發動前的狀態，可以相較於佛家唯識宗所說的「圓成實性」（parinispanna〈梵〉）、容格（C.G.Jung）所說的「集體無意識」（l'inconscient collectif）。當人們受到喜怒哀樂等各種情感左右時，難以做出正確判斷而偏於兩端，失之中道。因此「中」的特質超出尋常情感，具備形而上學意涵。當人們感受到「中」的存在時，就使知、情、意相互契合。世界萬物之所以生生不息、維繫不墜，都因為這些事物本身達到「中和」的境界。程教授又說：

宋儒程頤說：「不偏之謂中，不易之謂

● 《石濤—生命世界的滋味》（1998，巴黎，Phus）

● 《神氣—中國畫論選粹》
（1989，巴黎，Albin Michel）

庸；中者天下之正道，庸者天下之定理。」宇宙大道並非朝令夕改，而是依據最高原則。這是因為天地至誠，從不違背對人們的許諾。因此『中庸』說：「誠者，天之道。」或者說「至誠如神。」

天地為我們作了什麼許諾？我們如何瞭解天地對我們的許諾？萬物在每一瞬間都不斷進行著生成變化，不斷地更新蛻變，我們的生命實在難與宇宙形成相匹疇。不斷蛻變的宇宙依循著固有法則運轉，當我們這一有限生命個體沿著生老病死的既定軌跡逡巡前進時，生命可能向上超昇也可能向下沈淪。然而當我們以真誠面對自己，面對萬物，真誠地履行「道」的準則，就能與宇宙的道理相通，印證到中道的意涵。程教授思想出自於傳統的中國文化，然而他更進一步對於傳統思想內涵深入反省，發現其缺失。他感慨地說：

真正的愛是人類最高且偉大的存在物。這種愛絕非單一個體所能產生的，它必須有對象。愛是超過一加一所達到的「三」。「三」並沒有普通所想像的那種造物與被造物的命令式關係，而是我們與上帝展開對話。真正的真是真知，也就是至高義理。在探索真理的過程中，西洋人往往採取分析方法，將外在世界視為對象而加以解析、征服。值得注意的是，他們所採取的分析方法，使得我們這個存在個體與對象之間的關係一層層被加以分析，於是將事物本質井然有序地呈現出來。

我們中國文化比起西方文化成熟得還

要早，然而無可否認地，西方從文藝復興開始認真地思考人性價值後，漸漸地近代的世界文明在西歐放射出光芒。笛卡兒的二元論開啟了近世西方嚴謹思考對象本質的契機。相對於此，我們東方卻因為一元性思想使得人的思考能力受到窒息，忘卻了古德所說的「博學、審問、慎思、明辨、篤行」這種追求真理的訓示。當西方以其科學文明的豐碩成果來到東方時，我們卻手足無措，無法誠懇面對事態本質，不是盲目詆毀傳統價值，就是緊抱鄙陋偏見而不自知。程教授閉目沉思，接著說：

我們中國人對於三的發現是相當了不起的，然而我們卻忽略了躍昇到三的二，也就是對於二不加以尊重。我與事物或者我與人，這兩種相互關係在西方受到高度重視。西方人採取二元論的立場對於事物關係做了系統性分析，使得西方各種學理能夠往縱向深層發展。社會、國家中，個人與群體間的關係被加以鉅細靡遺的探討，個人的權利與義務受到應有規範與保護。然而，在中國，法律發展過程中，偏重刑法，民法了無完備，個人存在受制於群體，個人無法在群體中發揮應有決斷力。我們的社會確實必須嚴謹地反省「二」的內涵，重新做起，重新思考。

西方社會中，個人的存在並非被群體所吞噬，而是不斷地調整個體與群體之間的關係。1789年法國大革命的目的，是為爭取「人」的真正存在價值，然而十年恐怖統治期間的濫殺甚於專制王朝。拿破崙將大革命成果以法律加以保障而制訂

「拿破崙法典」。這部民法對於人的存在做了深入探討，使得個人受到法律的充分保障。這部民法影響了比利時、西班牙、義大利、美國、日本等國，使得個人的存在價值受到法律保護。程教授望望我們後，接著又說：

我所說的三是所謂「中道」，它出自二，然而並非是「折衷」的中。我們中國文化的一大危機就是走向鄉愿式的「折衷」。我們必須知道，折衷是低於二，而且失去創造力。對於三的誤解，對於二的忽視正是我們中國文化的一大危機。

當中西在近代初次遭遇而使中國惶惶失措時，魏源迅速提出「師夷之長技以制夷」，數十年後張之洞又提出「中學為體，西學為用」，雖經數次圖強，面對西方的船堅砲利依然潰不成軍。究其原因，乃是沒有徹底反省西方富強的根本原因在於豐厚的人文土壤與完備制度。不論是魏源、張之洞或者康梁變法，都過度強調以中國思想為主體的想法，並未徹底明辨中國文化中的精華與糟粕，只一昧從技術落後著眼。程教授再次相當嚴肅地從生命意涵反省中國社會紛亂連連的原因。他這樣說：

面對這全面性的生命要求，我們才能夠以徹底而絕對的方式去面對生命所展示的極限問題。「善」、「美」、「太和」、「大同」固然是極限，因人的智慧而得以猖獗的「殘酷」、「傷痛」、「無底深淵的罪與惡」也是極限。此後者，我們是否曾以徹底的方式去正視，並把它當作絕對的命題去思考和處理？ 我們的先哲們也不斷談論過善惡、是非，可是他們對人性過於信賴而竟未曾設想給個人或者集體的生命以最低限度的保障。這又回到我們剛才的論點：中國思想由於對於「三」的敏感，把重心放在「三」，以致於忽略了「二」的存在方式、存在實質、存在可能……。

個體與集體之間的相互傾壓，出自於中國人思維中跳躍思考所造成的流弊，以致於忽視個人的存在價值。雖然如此，程教授從中國美學的高度成就來積極肯定中國文化的價值。搔搔鬢髮後，程教授這樣說：

和西方相較，中國思想如果在純粹推理方面有所欠缺，在美學上則顯

1999 年程抱一在法蘭西藝術學院獲頒國家榮譽騎士勳章，與夫人梅林接受各界祝賀。

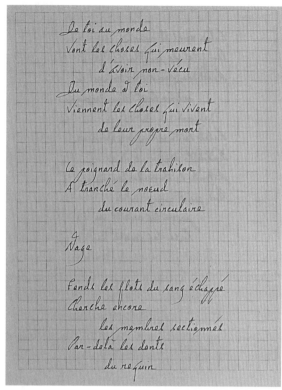

Je toi du monde
Vont les choses qui meurent
          d'Avoir non-vécu
Du monde à toi
Viennent les choses qui vivent
          de leur propre mort

Le poignard de la trahison
A tranché le noeud
          du courant circulaire

Nage

Fends les flots du sang échappé
Cherche encore
          les membres sectionnés
Par-delà les dents
          du requin

● 秀美典雅的法文詩歌手稿

示了早熟。這也和它極早對「三」的直覺感應有關。真正的藝術創作是人的精神和客觀宇宙至深交會時滋生的第三存在。那存在具有高度緊張性和提昇性；它既包容「二」之個別精華，而又超越「二」。石濤的畫不是他和黃山長日靈通後的產品麼？一旦產生後，它使黃山與石濤雙雙進入並非只是「歸一」或「劃一」的精神領域，在其間，「真意」乃得不斷地躍現。塞尚和聖維克多利亞山的關係也不例外。

對中國畫家而言，藝術創作並非單純地再現對象，而是將自己與大自然對話時

的心中感受加以視覺化，就如同石濤所說的：「吾寫此紙時，心入春江水，江花隨我開，江水隨我起⋯⋯，一笑水雲低，開圖幻神髓。」中國畫家眼中，客體與主體既非對立也非合一，而是藉由對話產生躍動生機。程教授接著又說：

然而西方思想，不管是希臘的亞里斯多德，還是古典哲學時期的笛卡兒和康德，都從主客對立的二元觀點出發，所以在作美學思考時，總是徘徊於主觀主義和客觀主義之間。康德以後的謝林是西方罕有的一位，他曾以「三」的眼光來審視藝術創造──雖然他的理論很快就被黑格爾壓倒而未得應有的發揮。和中國思想有所不同的是，謝林把那「三」界定為「靜止性的理念」或者「同等性的絕對」，然而中國思想從氣論出發，對「三」的領會則是動性的；因為那「三」既是由「二」形成，而本身又不斷提昇，不斷形成。關於這一點，我曾有專文〈中國繪畫中的時間〉來探討過。

中國繪畫藉由留白表現出時間的生成，程教授在《神氣》（Souffle-Esprit）一書中對時間觀有精闢而創新的論述。米開朗基羅的〈囚擄〉雖因某種原因而未能完成，然而無盡的絲縷氣息卻在未完成石塊

中隱隱騷動。到了塞尚真正意識到畫面上將餘白建構成空間的一環。他的留白是虛實互生的有機體，觀賞者藉著虛實互動的空間，在觀賞者心中形成時間的生成與建構。程教授緊接著說：

此外，我還願意順便提到一點，就是一些中國思想家特別愛用的「天人合一」一詞。這詞一旦用出，他們就覺得滿足而皆大歡喜了。其實這個稍後才出現的概念是個非常籠統、非常表層、非常容易讓我們曲解先賢深思的流行成語。就算講「齊物」的莊子也還是分別「氣」與「神」的層次，也還是托出「真人」、「真知」的形象，也還是從「一」中辯出「其一與天為徒，其不一與人為徒」，「既已謂之一矣，且得無言乎？一與言為二，二與一為三」。是的，作為語言的生物，人終究成

為具有獨特心靈的主體，他和生命宇宙往來時的最高表現並不是混泥式的凝為一片，而是情與景的最神秘、最微妙的交談，是會心微笑的「相對亦忘言」。人對「一」的夢想是經由「三」而得以顯示的。說到這一點，我不禁想到王昌齡在「詩格」中提出的三境：景境、情境和更高的意境。

中國繪畫強調畫外意，這種「意」的境界正是透過虛與實、陰與陽的有機性辯證，讓觀賞者「契入」畫中的精神世界。這正如同禪宗的「拈花微笑」，以心傳心的奧邃幽邈境界。雖然東方在繪畫美學上獲得高度成就，然而西方人物畫的表現手法顯然比東方更加深刻。遠在兩千五百年前，古希臘將人的價值無限提升，人與神處於同等地位，神性美與人性美等於理想

● 程抱一兼具中西文字結構的中文手稿

美的最高標準，其特徵就是容貌與姿態上的「靜穆的偉大與高貴的單純」。天主教成為歐洲國教後，造物者處於至高地位，加上「偶像破除運動」的興起，人物表現手法不如早期強烈。文藝復興時期，人們重新反省人性價值，深刻界定神人之間的關係，人的價值提升，人性光輝再次流露畫面。程教授說：

西方繪畫所包含的深度觀察與描寫使那繪畫成為一種認識的工具：對物質世界的認識固不用說，而在人物畫和肖像畫中，則更是對人類內心世界的認識。譬如說羅浮宮所藏林布蘭特的〈拔示巴的浴足〉容貌，憂愁而感人。當這位已婚的絕世美女讀到大衛王招寵的信函時，美麗的容顏上露出無限愁思，君命不可違，然而與征戰在外的夫妻之情又難以割捨。她陷入沉思，整個靈魂深處的騷動讓她幾乎忘卻外在的一切。複雜的心理活動確實動人極了！

聖經上僅僅提到「一日太陽平西，大衛從床上起來，在王宮的平頂上遊行，看見一位婦人沐浴，容貌甚美。……大衛差人去，將婦女接來。」（撒母耳記12：2-4）然而，我們這位偉大藝術家展開想像力的翅膀，以信函作為事件的誘因，追想這位風華絕代少婦的情感世界。她勇於承擔與面對施諸於自己肉體與心靈的顛撲、壓迫、箝制等人性罪惡，西洋畫家以最大勇氣、最人性構思、最敏銳與深沉筆法將血肉之軀的心靈活動原貌形之畫面。這樣的筆法似乎殘酷，卻也細膩而撼動人心。程

教授接著又說：

說到人物畫和肖像畫，還不能不提及西方整體以宗教為主題的繪畫傳統。那傳統中的部分靈感固然可以在佛教藝術中找到，然而基督教的特殊內容是和耶穌那個人從生到死的所作所為絲毫不分的。那包括了出生、際遇、慶喜、會友、說教、撫卹、宥罪、奇蹟、聖光、受難、復活等把人間種種可能的情景與想望匯聚於一身，穿過藝術的表現，一切大殘酷與大傷害、大罪惡與大懺悔、大畏懼與大獻身、大慈悲與大超昇均得到反覆無盡的挖掘與呈現。

西方繪畫成就與主客對立的認識論息息相關，他們基於這種系統性論證，使用近乎外科手術的細膩手法，殘酷地剖開複雜多變的心靈實態。古代雕刻家在〈勞孔群像〉上微妙地捕捉到偉大靈魂在痛苦深淵時的靜穆神情。然而，以耶穌為主的宗教題材，卻進一步讓我們不得不正視一切發生在血肉之軀—而非神話人物的勞孔—的耶穌身上那雄渾悲壯的生命現象。

西方宗教教育提供他們勇於面對人類罪惡的絕佳機會。即使七歲幼童，初一懂事，往往都會追問為什麼耶穌被釘死在十字架上？為什麼他的神情如此痛苦卻又充滿慈愛？為什麼人們要這樣折磨他？〈聖母哀子圖〉（Pietà）中的瑪利亞的哀傷與嘆息，讓我們看到一位慈母因為人類罪惡而失去愛子的瞬間。一位偉大母親面對愛子的慘死，神情哀傷而莊重，悲痛而肅穆。她與為大愛而喪失性命的耶穌一同默默地承擔人類文化中的罪惡摧殘。〈耶穌受難

劇〉的反覆上演，讓人們藉由這些藝術活動正視到發生在同胞間的悲劇與人世間的殘酷。

我們的老祖先從大自然的運轉中瞭解到其背後生生不息的和諧之道，中國人將生命的終極關懷向上推演，而求天人交感，宗教情操變得異常淡薄。儒家認為人性本善，規避了「性惡」觀念；秦朝著眼於「性惡」，嚴刑峻法，終因暴政嚴苛，失卻民心而覆亡；漢武帝定儒家於一尊，往後歷代思想家都過度強調天子行仁政而感應天地，忽視了律法的周延。西洋文化雖然一度因為宗教偏見而發生殘酷的宗教戰爭與血腥的異端審判，然而他們勇於面對罪惡的果敢勇氣，終於從血泊中長出人性的花朵。中國文化對於「二」的忽視讓國人對罪惡避而不談，衍生種種扭曲人性的弊端。然而，程教授對於中國文化依然深具信心。他起身拿起早已為我們置放在桌上的〈寒鴉圖〉，緩緩地攤開。他這樣說：

這幅宋人無名氏的〈寒鴉圖〉是歷代作品中所罕見的傑出之作。初春時節，冰雪漸融，蜿蜒流水，漱漱岸邊。霧氣西來，漫入林際，寒林盤根枒杈，姿態迥異，像曲鐵般堅韌。寒鴉或棲息枝頭或遨向寒林，難以盡數的寒鴉，並未使畫面顯得紛擾，而是一派靜謐氣氛。嚴冬初過，大自然的生機在寒林一隅展開，翊翊昇揚的寒鴉與寒林、地形構成∞形，無限地往互迴旋。這位掌握大自然生機躍動之瞬間的畫家，必然親臨此地，以纖細感受捕捉到大自然的生命脈動。

早期中國畫家注重主觀心靈活動與客觀事理的融合。南朝劉宋的宗炳這樣提到：「神本無端，棲形感類，理入影跡，誠能妙寫，亦誠盡矣。」（〈畫山水序〉）。神是幽微莫測、寂然不動，遍佈萬物；當個體心靈心存至誠，依循自然法則，將可感悟到真宰所在。藝術家與大自然的溝通之道在於至誠，藉此可將其形諸筆端，就如《尚書》所說的「鬼神無常享，享於克誠。」（〈太甲篇〉）。相對於此，西方則到了德國浪漫主義才開始真正體會到「天人感應」的意涵。接著程教授為我們打開五代董源的橫軸〈夏景山待渡圖〉，讓我們領賞其磅礴深遠之境。他又為我們拿出宋朝范寬的〈雪山寒林圖〉。此時，全場屏氣凝視，他以手指按著山峰說：

這幅作品真是感人。林布蘭特作品素以神秘的光線表現著稱。范寬的這幅山水與這位西方大師有相通之處。隆冬霜寒，皚皚白雪鋪滿遠近群峰，枯樹欒欒，一切生命好像處於消沈狀態。畫面單純近乎寂靜，山頂透出光線，山脈與冰凍江水之間的霧氣也散發出光芒。這種生命之光彷彿來自原生，從背後透露出來。它掃除了近乎窒息的寒冬，高潔的生命從這一瞬間開展出來。

程教授認為這幅作品或許比〈谿山行旅圖〉更具震撼性。生命開展的瞬間確實具備超越意涵，就如同巴黎瑪德蓮教堂〈聖母瑪利亞昇天群像〉的動人心弦一般，半圓形穹窿洩下謐謐光影，三位天使將跪於座氈的瑪利亞托上天堂。受神寵召

的聖母，毫無激越神情與誇張動作，她雙眼微閉，緩緩攤開雙手，陶然忘我。沉重的白色大理石恍惚飄盪在失重狀態的大氣中，視線消解在聖母身上的湛湛澈澈的變動光線裡。程教授細心收起這兩幅作品後，端起青花剔空碗茶，緩緩啜了一口。接著又說：

中國繪畫與西洋繪畫之間的差異，如果只以技巧來說，或許籠統可用「直取」與「刻畫」來概括。所謂「直取」是畫家嘗試直接切入到對象本體，將其視覺化、意象化、神擬化。「刻畫」則是一步一步、一層一層地漸進深入與建構。當然這樣區分不能完全適用於全部中國藝術傳統。唐、五代、北宋的大師們手裡，不管是人物、山水、花鳥，那種「刻畫程度」是極高的。這「刻畫」後來在院體工筆中保留著；雖然往往拘守陳規而淪為僵化了。

宋人蘇東坡說：「山石竹木水波煙雲，雖無常形而有常理」（〈淨因院畫記〉）。「常形」是指庭台樓閣等依據數理法則而成的人造物，「常理」則指大自然與生具有的特質。畫家不能背離自然，而須體會大自然的應有屬性。然而，元代文人畫興起之後偏向主觀主義，倪雲林這樣說：「僕之所謂畫者，不過逸筆草草，不求形似，聊以自娛耳。」（〈倪雲林論山水〉）程教授進一步指出：

從元朝開始，當文人畫佔上風以後，中國繪畫越來越走向「寫意」。在習慣了「寫意」那種酣暢、快速方式的畫家眼中，西方的「刻畫」則涉「呆板」、「沉重」之嫌。其實這只是粗淺的看法，因為從文藝復興以來，西方美術所達到的境界無可置疑地令人傾服。除了前面說到的人物畫外，在風景畫與靜物畫上均能精深博大而又微妙雋永，且不斷具有突破性。「刻畫」的可能當然是和油畫技巧不可分；技巧特質是值得我們注意的問題。舉音樂為例吧！由於五線譜、鋼琴、和聲的逐步發明與進展，西方音樂創造趨向我們未能想像的境界。回到繪畫，可以指出的是：由於各種新顏料的發明，油與水墨當初那樣的絕對不能調和性，現在減輕了。在藝術和在其他方面一樣，和西方對話是必要而有益的。透過東西對話，使我們得以從因循陳套中走出來，重新觀審世界，重新省視自我，重新堅毅沉著地思考思想本身，去開拓足以收納全部實存的內心世界。重新把「外師造化，中得心源」作翻新的建構。

西洋藝術透過分析方法來認識外在事物，並且也經由分析掌握素材的各種可能性。因為這種思辯使得他們的繪畫思想發展進程比我們緩慢，然而一旦洞悉了藝術創作的「三」的那種微妙的境地時，在樣式、素材、表達手法、藝術範疇上都產生快速變化。這種急速多變的藝術現象使我們必須更加深刻思考傳統意涵，以回應西方藝術所提出的問題。程教授再次以康德為例子說：

當康德（E.Kant）將藝術作品視為客觀對象加以分析、理解的時候，中國藝術鑑賞很

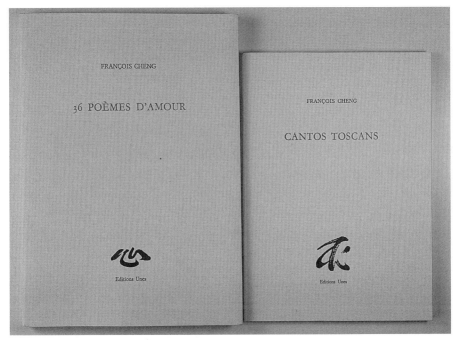

● 詩歌《36首情詩》（1997，巴黎，Unes）、《多斯堪形板》（1999，巴黎，Unes）

早就跳出主客對象所糾結不清的狀態，直接呈現事物的內在本質。但是到了塞尚（P.Cézanne）以後，特別是馬諦斯（H. Matisse）三兩筆就能將對象的量感表現出來。西洋繪畫透過一步步分析終於進入中國繪畫的理論當中，而且表現得比中國繪畫更加深入，足見西洋人使用分析方法的可貴之處。

兩千年前普里紐斯（Plinus）在《博物誌》（Historia naturalis）上提到揩伊克希斯（Xeuxis）畫技足可欺騙對手雙目而獲獎，說明了繪畫價值在於寫實。柏拉圖雖然就形而上的意涵提到：「美是不生不滅，不增不減的東西。」（〈會飲篇〉），然而繪畫表現方式是「模仿」（mimesis）的這種原

理卻又是那麼地顛撲不破。在德國浪漫主義發展旅程碑『熱愛藝術的一位修道士的心情吐露』中，瓦肯德羅（W.H. Wackenroder）說了值得注目的一段話：「藝術與自然是兩種完全不同的語言。但是，藝術同樣屬於藉由窈然的神秘之道，對人類心靈發揮作用的神奇力量。」瓦肯德羅正視藝術表現的「情感」層面，在此之前，西洋藝術往往以高度理性駕馭情感表現。程教授短暫沉思後說：

中國藝術在一千餘年的創造過程中，擬出了三個有機層次的概念來作為審美標準，亦即「絪縕」、「氣韻」、「神韻」。可惜這裡不能加以發揮，可以說的是這三種標準不只可以用於中國，也可用於西方。

董源、李成、范寬、郭熙固然可以達到「神韻」；同樣地，達文西、弗蘭切斯卡、林布蘭特、勉林（H.Memling）的一些作品也可稱得上「神韻」。更有甚者，這些標準用在現代都不過時。甚而像是英國畫家培根（F.Bacon）那樣極端的作品都用得上。

就美的感受而言，東西繪畫具備許多相同特質。觀賞者與作品接觸所引起的震撼與內心的感動並沒有國界差別。正如程教授所說的：

真正的美是存在（être），而非擁有（avoir）。所以它並不如希臘後期所設想的那樣可以納入模式或定型。真正的美，它每次出現，都意味多層次的相遇。當我們說「夕陽無限好」，我們難道只指真空裡的一道光？不管幾次夕陽都是照在雲端或是海上或是山巒之間。只有那樣才能滋生無限的絢爛之感。然而這只是第一層次的相遇。第二層次的相遇，是當一個人的眼光在一定的時辰和這景色交會，不用說這是美的必要條件。還有更高屬於純精神的層次，這是當那個人當前的感觸，驟然提昇，和一生以來心靈中所負載的的回憶、想望，甚而和人類久遠的感應、懷念相交會的。在那層次裡，美已近於宗教裡的悟境。

這種藉由相遇所開展出的生命狀態，正是程教授所說的從二產生三的過程。然而，生命狀態的真正意涵卻必須經過對於生與死的內省。死亡是生命的再生而非結束。一瞬間一瞬間的時間消逝，意味著一刻刻接近死亡，日日夜夜生命一再重演奇妙的深層意識的湧現。不曾洞悉轉瞬即逝的人並不瞭解生命的真正內涵。他輕輕一笑後，接著說：

里爾克（R.M.Rilke）說：正因為死，小孩才想望成為大人，少女才急切趨向儘管是短暫的美。人與自然之所以不同，正因為人對死的感應。人瞭解到自己終將死去，才會有偉大的一面，由此才變成一種創造。就如同天下沒有相同的人，沒有相同的樹葉一般。真正的創造必須使自己成為一個真正而獨特的人。當我們尊重對方時，才能產生真正的愛，有了愛才有生命的創造。我們中國人成熟得太早，在尚未對二加以嚴肅思考與尊重之前，就講到「綜合」。也就是我們剛才提到的「天人合一」這種說法尚缺圓滿，而應該是：從天人之際產生了「三」。瞭解了這層意涵，才有真正的「愛」。真正的「愛」既不是預定，更不是占有。

時間飄逝得很快，一席長談，讓我們忘卻了太陽西沉，霞光微微沁入院內，白色窗檻上跳動著金黃色光影，我們都情不自禁地眺視院內。程教授起身，緩步向前，推開窗戶，吸了口氣，伸手示意左邊石牆。竦竦高牆，累累石塊，斑斑駁駁，傍晚時節吐納著蒼涼古拙的氣息。八百餘年來，多少歷史變動與殘酷事件摧毀了高峻城廓，無數堅實石塊已然被臼擣粉碎，亡軼無蹤。李義山詩句「留得殘荷聽雨聲」，為我們道出此時的淒美苦澀感受。

我們並不知道這裡曾發生過什麼壯烈事蹟或感人戀情，凝視著殘垣上的石塊，宛然掉入時光的漩渦，循著它生成遞變的脈絡，逆溯而上，深層意識下的萬千生離死別、戰禍天災等影像快速閃動，迫使我們進退失據於無盡深淵。然而，眼前這座這片殘垣給了我們面對殘酷環境的永恆希望。正如程教授所說的：「大難之後，在荒原腐屍之間依然蜿蜒著那並未完全滅跡的心路歷程。」(《天一言》中文版自序))

夕陽在程教授臉上抹上數筆昏黃光影，此時他低頭不語，室內乍然枯寂。他的斑白眉毛隨著思緒的翻騰而顫動，沉沉低鬱眄睞古牆，無盡意涵在嘴角鼓動，生命的火花彷彿就將在瞬間迸現！此時，數聲鳥鳴劃破長空，即將湧現的未知話語窅然而止。一切終歸平靜，無止息的潮汐升落在我們心中縈繞迴旋。心頭突然湧上程教授的一首詩歌：

劃破海濱的
呢喃
與怨懟之間
永恆
以其迴響
飄散開去
無盡的妳
無盡的「那」
……
《三十六首情詩》

行前，我們再次景望這堵古牆，試圖伸出顫抖的手指，觸摸那蒼老的容顏，微風下枝條盈盈，款款搖擺，狀似別情依依。(P)

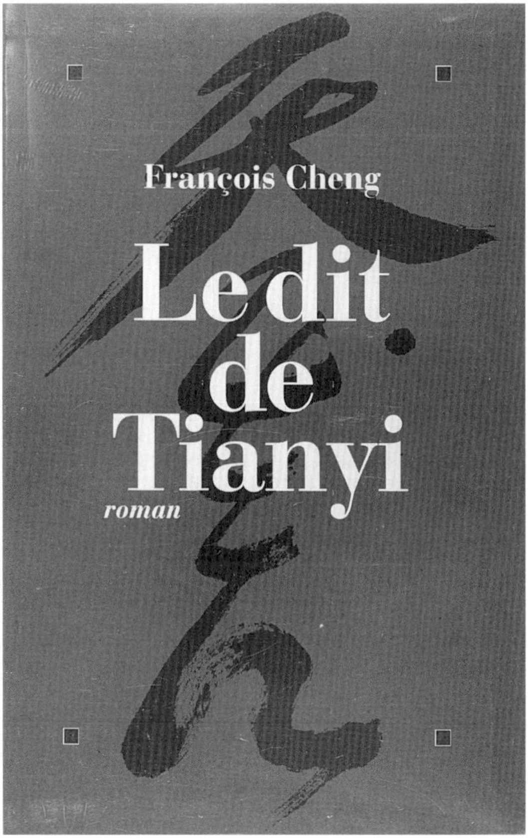

小說《天一言》
(1998，巴黎，Albin Michel)

巴黎都市文明年表

巴黎都市發展大事記	巴黎‧歐洲文明大事記
250年左右巴黎第一位主教在蒙馬特殉教。	
280年左右北蠻入侵，巴黎人避居西堤島。	
	313年君士坦丁大帝頒布米蘭敕令，基督宗教合法化。
360年左右呂德斯正式改名爲巴黎。	
451年匈奴人阿提拉入侵巴黎，聖傑涅維芙號召巴黎人抵抗。	
508年第一位信奉基督宗教的法蘭克王克洛維定都巴黎。	
542年聖熱爾曼德佩教堂爲收藏聖遺物的教堂。	
800查理曼大帝受加冕，定都亞琛，巴黎沒落。九世紀，諾曼第人一再入侵，巴黎倍感威脅。	
	910年建立克呂尼修道院。
	1065年左右法國傳奇文學《羅蘭之歌》完成。
	1088年世界最早的大學在義大利波羅尼創立。
1120年代貧窮的聖居禮安小教堂歸屬於修道分院。	
1163年巴黎主教莫里斯籌資建造聖母院，完工於1345年。	
1180年法王菲利普二世下令築新城牆，建造羅浮宮堡壘。	
	1194年夏特大教堂建立。
1248年聖王路易九世完成聖禮拜堂。	
1258年索爾本大學成立。	
1364年查理五世在巴黎築新城牆，巴士底奠基。	
1420年英法百年戰爭最激烈之際，英王亨利五世佔領巴黎。	
1429年聖女貞德一度圍攻巴黎，因國王查理七世不支持而失敗。	
1436年查理七世光復巴黎。	
	1450年左右古騰堡發明活版印刷。
	1492年哥倫布到達美洲，開啓海洋世紀。
	1497年達文西完成＜最後的晚餐＞。
1500年左右興建克呂尼修道院長當伯瓦茲豪宅。1844年改成中世紀克呂尼博物館。	
	1501年米開朗基羅完成＜大衛像＞。
1524年貧窮的聖居禮安小教堂因學生暴動被毀。	
1530年人道主義者布代主持法國學院。	

1532年弗朗索瓦一世下令建造聖厄斯塔許教堂。	
	1543年哥白尼發表天體論。
1563年整建杜樂麗花園。	
1572年發生聖巴爾特米宗教大屠殺。	
1578–1607年建造巴黎最古老橋樑新橋。	
1582年弗朗索瓦一世開始整建楓丹白露宮。	
1594–1612年建造浮日廣場。	
	1596年莎士比亞完成《威尼斯商人》、《羅密歐與茱麗葉》。
	1600年瑪麗‧德‧梅迪奇入嫁法王亨利四世。
	1622–25魯本斯製作＜瑪麗‧德‧梅迪奇生涯系列＞
1624年路易十三世在開始建造狩獵行宮，爲凡爾賽宮前身。	
1630年代建造王室花園	
1631年盧森堡宮完成	
1635年李希留倡議成立法蘭西學院。1635–42勒梅斯埃設計索爾本教堂。	
	1636年高乃依完成《勒西德》。
1637年完成聖厄斯塔許教堂。	1637年笛卡兒創始解析幾何。
	1642年林布蘭特完成＜夜巡＞。
1645年幼王路易十四世爲恩典谷教堂奠基。	
1646年聖許畢斯教堂動工，百年後完成。	
1648年創立皇家繪畫雕刻學院。	
1664年王室建築師勒沃設計島上聖路易教堂	
	1668年莫里哀發表《守財奴》，拉封丹發表《寓言集》。
1670年路易十四世下令建造傷殘軍人院，1720年完成。	
1676年蒙沙設計圓頂教堂。	
	1681年波蘇埃發表《世界史論》。
1684年路易十四世堂姐接管聖賽芙韓教堂，開始進行整建。	
	1685年廢除南特敕令，新教開始大量流亡國外。
1686年波蔻伯咖啡廳創立。	
1687年建造旺多姆廣場。	
	1696年柏林創立美術學院。

十八世紀初開始，法國貴族開始移居聖熱爾曼區。	
1705-1709年路易十四世爲侯昂王妃建造蘇比士宅邸。	
	1712年盧梭誕生。
1726年完成島上聖路易教堂	
1739-75年加布里埃爾建造凡爾塞宮	
1744路易十五世大病初癒，命令蘇福洛設計聖傑涅維芙教堂。	
	1748年孟德斯鳩發表《法意》。
	1750年巴哈歿，古典主義興盛。
	1751年法國發行《百科全書》，知識普及之開始。
1757年卡布埃爾設計協和廣場。	
	1762年盧梭完成《民約論》。
1764年完成瑪德蓮教堂。	1764年溫克爾曼完成《古代美術史》。
1778年夏特公爵建造英國式庭園，爲蒙梭公園前身。	
	1781年康德完成《純粹理性批判》。
1789年7月14日巴黎市民攻陷巴士底監獄，開啓法國大革命。	
	1791年莫札特創作＜魔笛＞，同年歿。
1792年9月2日到4日之間在聖熱爾曼德佩教堂附近發生千餘人被屠殺事件。史稱九月屠殺事件。	
1793年羅浮宮正式開館。	
	1797年馬爾基・德・薩德完成《惡德盛行》。
	1800年左右起音樂的浪漫主義興起
1801-1804年拿破崙下令建造藝術橋。	1801年貝多芬創作鋼琴曲＜月光＞。
1803年拿破崙下令徵收聖拉歇茲土地，建造墳墓。	
1804年拿破崙加冕爲皇帝。	1804年3月21日頒布「法國人民法」，往後稱爲「拿破崙法典」。
1806年拿破崙下令建造凱旋門。建造羅浮宮前小凱旋門。	
	1807年黑格爾完成《精神現象學》。
1830年建造七月柱。	1830年雨果發表《埃爾那尼》正式開啓浪漫主義藝術。斯湯達發表《紅與黑》。德拉克洛瓦完成＜引導民眾的自由女神＞。
	1833年米謝勒完成《法國史》。
1836年凱旋門完成。在協和廣場豎立埃及方尖碑。	

1837年巴黎到聖熱爾曼昂萊首段法國鐵路通車。	
	1839年塞尚誕生。
1840-1868年進行聖禮拜堂的裝飾與建築物的考古學大翻新工程。	1840年莫內、羅丹誕生、柴可夫斯基誕生。
	1841年雨果成爲法蘭西學院院士。雷諾瓦誕生。
	1848年高更誕生。馬克思、恩格斯發表《共產主義宣言》。
	1850年米勒創作＜播種者＞。
1853-1870年塞納河省省長奧斯曼男爵整飭巴黎，成爲今日風貌。	1853年梵谷誕生。
1857年杜樂麗宮與羅浮宮連接完成。	1857年波特萊爾發表《惡之華》。
	1859年達爾文發表《物種起源論》。
1860年代拿破崙三世將十一世紀王室獵場改建成凡仙森林，並完成秀蒙丘公園。	
1862年加尼埃設計巴黎歌劇院。1875年完工。	
	1863年馬奈完成＜奧林匹亞＞。
1866歐丹完成梅迪奇噴泉。	
	1870年普法戰爭起，巴黎被圍四個月。
1871年巴黎公社之亂起，杜樂麗宮被毀。	
	1874年莫內創作＜印象・日出＞。
1875年聖心堂正式動工。	
	1876馬拉爾梅發表《牧神的午後》。
1880年利普啤酒屋成立。	1880年羅丹創作＜沉思者＞。
1882年雙君子咖啡廳成立。	
	1883年莫泊桑發表《女人的一生》。
1885年聖傑涅維芙教堂改成先賢祠。	
1887年艾菲爾鐵塔開工，花神咖啡廳開館。	1887年蒙巴那斯畫派畫家夏卡爾誕生。
1889年紀念法國大革命一百週年，完成艾菲爾鐵塔。	
1890-96年建造米拉波橋。	
1892年加里拉公爵夫人委託吉南設計現今之加里拉宮流行服飾博物館。	
	1893年涂爾幹發表《社會學方法的規準》。
1896年建造亞歷山大三世橋。	
	1898年居禮夫婦發現鐳。

1900年爲迎接萬國博覽會，完成奧塞車站、完成大皇宮、小皇宮。巴黎地鐵通車。亞歷山大三世橋完工。	
1901年藍火車餐廳成立。	
	1904年達利誕生。馬克思·韋伯發表《新教倫理與資本主義精神》。
	1905年馬諦斯等人開始被稱之爲野獸畫派。
	1907年畢卡索創始立體派。
	1909年馬里涅提在《費加洛報》發表「未來派宣言」。
	1910年康丁斯基完成最初之抽象畫。
	1913年普魯斯特發表《追憶似水年華》。
1914年完成聖心堂，1919年舉行落成儀式	1914-1918年第一次世界大戰。
	1916年索緒爾發表《一般言語學講義》。
	1924年布列東發表「超現實主義宣言」。
1927年圓頂咖啡廳開幕。	
1937年爲迎接萬國博覽會，夏佑宮、東京館完工。	1937年畢卡索完成＜格爾尼卡＞。
	1938年沙特發表《嘔吐》。
	1939年9月德國侵略波蘭。
1940年6月德軍進入巴黎。1944年巴黎光復。	
1958年開始建設拉德芳斯。	
1959年法蘭西第五共和成立。	
1960-70年之間整建蒙巴那斯，成爲現代化風貌。	1964年夏卡爾完成巴黎歌劇院天井繪畫。
1970年奧塞美術館由鐵路車站改成美術館。	
1973年完成巴黎環城大道。	
1977年龐畢度藝術文化中心成立。巴黎成爲自治市。	
	1980年埃科發表《玫瑰的名字》。
1989年紀念法國大革命兩百週年，完成大拱門。羅浮宮整建計畫完成，玻璃金字塔面世。	
1990年完成巴黎音樂學院·音樂城	
	1997年畫家朱德群成爲首位法蘭西藝術學院華人院士
	1998年程抱一獲得小說費明娜大獎，並授勳。
	2000年高行健成爲首位華人諾貝爾文學獎得主。
	2001年高行健授勳。程抱一詩歌於「詩人之家」朗讀。

【法國國定假日】

1月1日	元旦	Jour de l'an
4月15、16日	復活節	De Pâques （4月第三週的週一，每年日期不盡相同）
5月1日	勞工節	Fête du travail
5月8日	二次世界大戰歐洲盟軍勝利紀念日	Victoire 1945
5月24日	耶穌升天紀念日	Ascension （復活節後的第四十天的週四，每年日期不盡相同，通常稱為週四升天節 Le Jeudi de l'Ascension）
6月3、4日	聖靈降臨日	Pentecôte （復活節後第七週的週日，每年日期不盡相同）
7月14日	國慶日	Fête nationale
8月15日	聖母升天大典	Assomption
11月1日	萬聖節	Toussaint
11月11日	一次世界大戰休戰紀念日	Armistice 1918
12月25日	聖誕節	Joël

潘襎

1964 年生於台灣屏東潮州。

■學歷
私立中國文化大學美術學學士
日本國立神戶大學藝術學碩士，主修德國古典主義美學
法國巴黎第一大學美術史博士候選人、大阪大學美學博士候選人

■論文
發表論文《禪畫管窺》、《畫史中的宗炳》、《王維的詩與畫》、《匿在毀污中的畫家—八大山人》、《禪畫測蠡》、《中國藝術發展史程探微》、《J.J.Rousseau " Essai sur l'origine des langues ou il est parle de las melodie et de l'imitation musical" 評論》、《Adam Smith " Of the Nature of Imitation which takes place in what are called the imitation Arts" 評論》、《由抽象繪畫與禪畫試論東西藝術的不同》等論文。

■翻譯・著作
《藝術學手冊》、《法國繪畫史》、《古典美之秘—西洋美學史學的開端：希臘美術模仿論箋註》翻譯・解釋・註解（國家文藝基金會獎助出版）、《新古典與浪漫主義美術》。
在台灣、日本舉行過水墨畫個展，並參與聯展數次。

郭凝

1950 年出生於中國上海市,現定居法國

■學歷
法國國立高等社會科學院歷史與文明系博士候選人

■簡歷
1988 年獲法國國立高等社科院 DEA 文憑。

1984 至 1995 年先後任歐洲時報、星島日報駐巴黎記者,期間曾報導法國總統密特朗與江澤民在巴黎舉行之元首會談。

1997 年 5 月應法國總統府愛麗舍宮邀請,隨行希拉克訪問中國,採訪希拉克總統與江澤民在北京舉行之國家元首會談,是首位乘專機隨行西方總統訪華之中國記者。

1998 年當選為巴黎法中友協副主席,於 1996 年起主持該協會中國文化講座迄今。

1999 年起兼職在法國 ALPHAMEGA 集團執教,負責培訓法國一些大型企業集團派駐中國的技術與行政主管。

■文章・著作
新聞報導《希拉克訪華三不》、《一幅總統肖像畫》、學術報告《創新意識與決策能力的培養》、報告文學《不盡人間戀土情》、散文《巧遇》(獲世界華人文學『南湖杯』一等獎)等等。

國家圖書館出版品預行編目資料

巴黎文化行旅＝Paris,la ville lumière／潘襎、郭凝合著.
-- 初版. -- 臺北市：藝術家.2001.民90
　　面：　公分

　　ISBN 986-7957-02-4（平裝）

　1. 法國巴黎 - 文化與生活
747. 719　　　　　　　　　　　　90015143

■巴黎文化行旅| *Paris, la ville lumière*

潘襎 、郭凝◎著

發 行 人　何政廣
主　　編　王庭玫
責任編輯　黃舒屏・江淑玲
美術編輯　黃文娟
出 版 者　藝術家出版社
　　　　　台北市重慶南路一段147號6樓
　　　　　TEL：（02）23719692~3
　　　　　FAX：（02）23317096
　　　　　郵政劃撥：0104479-8號藝術家雜誌社帳戶
總 經 銷　藝術圖書公司
　　　　　台北市羅斯福路三段283巷18號
　　　　　TEL：（02）23620578 、23629769
　　　　　FAX：（02）23623594
　　　　　郵政劃撥：0017620~0號帳戶
分　　社　台南市西門路一段223巷10弄26號
　　　　　TEL：（06）2617268
　　　　　FAX：（06）2637698
　　　　　台中縣潭子鄉大豐路三段186巷6弄35號
　　　　　TEL：（04）25340234
　　　　　FAX：（04）25331186
製版印刷　耘橋彩色製版有限公司
初　　版　2001年10月
定　　價　台幣380元

ISBN　986-7957-02-4
法律顧問　蕭雄淋